教育部教育改革创新示范教材
普通高等学校学前教育专业系列教材

健美操教程

（第二版）

主　　编	文　岩
副主编	张首文　张　征
编　　者	文　岩　张首文　黄　莉　杨　丹　李　凤
动作示范	蔡欣娜　顾恩佳　张晓娇　姚艺丹　张晓安
	张哲浩　汪鼎洲　张骞戈
光盘示范	韩思玥　李　响　宁小岩　宋贺妍　赵晞羽
	刘昱倩　李淑欣　周颖丽　李　琳　苑　彤
	杨慧颖　李　珊
音乐制作	姚建华
摄　　像	丁　萍　郭　程　许青松
参编单位	首都师范大学学前教育学院　北京第十二中分校
	北京朝阳区劲松第一幼儿园　赤峰学院学前教育系
	济南高等幼儿师范专科学校　宁夏高等幼儿师范专科学校
	华东师范大学学前教育系

复旦大学出版社

内容提要

健美操是各级师范教育的必修课程。本书共五章，第一、二章分别介绍健美操的基本理论知识、教与学的方法；第三章介绍师范院校学生的健美操实践内容，包括基本动作、组合动作和成套动作的各种范例；第四章介绍七种幼儿健美操的成套分解动作；第五章介绍（幼儿）健美操的创编方法。

全书图文并茂，每个动作都给出示范照片和文字说明，并用辅栏形式给出相关知识和常识，与主栏内容相得益彰。

本书以学前教育专业学生为主要编写对象，适用于各类幼儿师范学校，对各级幼儿园教师也有积极的参考意义。

总　序

学前教育是国民教育体系的重要组成部分，是终身教育的开端，幼儿教师教育担负着学前教师职前培养和职后培训、促进教师专业成长的双重任务，在教育体系中具有职业性和专业性、基础性和全民性的战略地位。

自 1903 年湖北幼稚园附设女子速成保育科诞生始，中国幼儿教师教育走过了百年历程。可以说，20 世纪上半叶中国幼儿教师教育历经了从无到有、从抄袭照搬到学习借鉴的萌芽、创建过程；新中国成立以后，幼儿教师教育在规模与规格、质量与数量、课程与教材建设等方面得到较大提升与发展。中国幼儿教师教育历经稳步发展、盲目冒进、干扰瘫痪、恢复提高和由弱到强的发展过程。

1999 年 3 月，教育部印发《关于师范院校布局结构调整的几点意见》，幼儿教师教育的主体由中等教育向高层次、综合性的高等教育转变；由单纯的职前教育向职前职后教育一体化、人才培养多样化转变；由独立、封闭的办学形式向合作、开放的办学形式转变；由单一的教学模式向产学研相结合的、起专业引领和服务支持作用的综合模式转变。形成中专与大专、本科与研究生、统招与成招、职前与职后、师范教育与职业教育共存的，以专科和本科层次为主的，多规格、多形式、多层次幼儿教师教育结构与体系。幼儿教师教育进入由量变到质变的转型提升进程，由此引发了人才培养、课程设置、教学内容等方面的重大变革。课程资源，特别是与之相适应的教材建设成为幼儿教师教育的当务之急。

正是在这一背景下，"全国学前教育专业系列教材"编审委员会在广泛征求意见和调查研究的基础上，开始酝酿研发适应幼儿教师教育转型发展的专业教材，这一动议得到有关学校、专家

的认同和教育部师范教育司有关领导的大力支持。2004年4月，复旦大学出版社组织全国30余所高校学前教育院系、幼儿师范院校的专家、学者会聚上海，正式启动"全国学前教育专业系列"教材研发项目。2005年6月，第一批教材与广大师生见面。此时，恰逢"全国幼儿教师教育研讨会"召开，研讨会上，教育部师范教育司有关领导对推进幼儿教师教育优质课程资源建设作出指示：一是直接组织编写教材，二是遴选优秀教材，三是引进国外优质教材；开发建设有较强针对性、实效性、反映学科前沿动态的、幼儿教师培养和继续教育的精品课程与教材。

结合这一指示精神，编审委员会进一步明确了教材编写指导思想和教材定位。首先，从全国有关院校遴选、组织一批政治思想觉悟高、业务能力强、教育理论和教学实践经验丰富的专家学者，组成教材研发、编撰队伍，探索建立具有中国幼儿教师教育特色、引领学前教育和专业发展的、反映课程改革新成果的教材体系；努力打造教育观念新、示范性强、实践效果好、影响面大和具有推广价值的精品教材。其次，建构以专科、本科层次为主，兼顾中等教育和职业教育，多层次、多形式、多样化的文本与光盘相结合的课程资源库，有效满足幼儿教师教育对课程资源的需求。

经过近十年的教学实践与检验，教材研发的初衷和目的初步实现。截至2013年12月，系列教材共出版160余种，其中8种教材被教育部列选为普通高等教育"十一五"、"十二五"国家级规划教材，16种教材入选教育部"十二五"职业教育国家规划教材，《手工基础教程》被教育部评选为普通高等教育"十一五"国家级精品教材，《幼儿教师舞蹈技能训练》荣获教育部教师教育国家精品资源共享课，《健美操教程》获得教育部"教育改革创新示范"教材；系列教材使用学校达600余所，受益师生数十万人次。

伴随国务院《关于当前发展学前教育的若干意见》和《国家中长期教育改革和发展规划纲要（2010—2020年）》的贯彻落实，幼儿教师准入制度和标准的建立、健全，幼儿教师教育面临规范化、标准化、专业化和前瞻化发展的机遇与挑战。一方面，优质学前教育资源已成为国民普遍地享受高质量、公平化、多样性学前教育的新诉求。人才培养既要满足当前学前教育快速发展对幼儿师资的需求，还要确保人才培养的高标准、严要求以及幼儿教师职后教育的可持续发展；另一方面，学前教育专业向0~3岁早期教育、婴幼儿服务、低幼儿童相关产业等领域拓展与延伸，已然成为专业发展与服务功能发挥的必然趋势。这一发展动向既是社会、国民对专业人才的要求与需求，也是高等教育服务社会、培养高层次专业人才的使命。为应对机遇与挑战，幼儿教师教育将会在三个方面产生新变化：一是专业发展广义化，专业方向多元化，人才培养多样化，教师教育终身化；二是课程设置模块化，课程方案标准化，课程发展专业化和前瞻化；三是人才培养由旧三级师范教育(中专、专科、本科)向新三级师范教育(专科、本科、研究生)稳步跨越。

为及时把握幼儿教师教育发展的新变化，特别是结合2011年10月教育部颁布的《教师教育课程标准（试行）》，编审委员会将与广大高校学前教育院系、幼儿师范院校共同合作，从三个方面入手，着力打造更为完备的幼儿教师教育课程资源与服务平台，并把这套教材归入"全国学前教育专业（新课程标准）'十二五'规划教材"系列。第一，探索研发应用型学前教育专业本、专科层次系列教材，开发与专业方向课程、拓展课程、工具性课程、实践课程和模块化课程相匹配的教材，研发起专业引领作用的幼儿教师继续教育教材；第二，努力将现代科学技术、人文精神、艺术素养与幼儿教师教育有效融合并体现在教材之中，有效提升幼儿教师综合素养；第三，教材编写力图体现幼儿教师教育发展趋势与专业特色，反映优秀中外教育思想、幼儿教师教育成果，全面提高幼儿教师教育质量；第四，建构文本、多媒体和网络技术相互交叉、相互整合、相互支持的立体化、网络化、互动化的幼儿教师教育课程资源体系，为创建具有中国特色的幼儿教师教育高品质专业教材体系贡献我们的力量。

"全国学前教育专业系列教材"编审委员会
2013年8月

前 言

健美操是培养幼儿师资的体育课程重要内容。在学前教育专业，健美操是最受学生欢迎和最实用的课程之一。通过健美操的教学和练习，不仅可以锻炼身体，形成健美的体形，同时还可以掌握健美操的理论和方法，从而成为一名深受幼儿欢迎的幼儿教师。研究证明，身体协调、灵活、性格开朗活泼的幼儿教师，通常具有更高的对幼儿进行韵律活动的教学能力，在幼儿中间更具有亲和力，并能很快成为幼儿的好朋友及深受幼儿喜爱的幼儿教育工作者。

本书的再版，特别注重对学生职业能力的培养，以就业为导向，突出高素质幼教人才的培养目标，服务于学前教育专业。本教程从健美操教学实际出发，力求从专业发展和教材体系、教学内容、教学方法与手段上进行改进与突破，不断提炼、拓展，以使学生能尽快学以致用。内容理论联系实际，结构合理，图文并茂，通俗易懂。对本教材中出现的动作组合和套路组合，采用动作照片和文字说明来讲解，并加以辅栏知识的启发、点拨与指导，直观地表现出健美操的动作特点，同时为了学生更好地学习和掌握动作，我们对书中的各套动作以光盘的形式演示出来，以便学生学习和理解。

本教程由首都师范大学学前教育学院文岩主编，张首文、黄莉、杨丹，李凤参编。在编写的过程中，幼儿系列基本体操已在多所幼儿园进行了实践，取得了良好的试验效果。

复旦大学出版社对本教程的再版给予了很大的支持与帮助，

在图片和光盘的拍摄过程中，许多参编教师和学生付出了辛勤的劳动，在此对在创编过程中，为我们提供帮助、支持的幼儿园和相关学校一并表示衷心的感谢。

编 者

2013 年 3 月 12 日

第一版前言

健美操是幼儿师资培训的体育课程内容之一，也是各级各类学校现代教育课程的重要教学内容。一些学校将它作为体育课的必需内容，或作为选修课程的首选内容。在幼儿园师资培训的专业中，健美操是最受学生欢迎和最实用的课程之一。通过健美操的教学与锻炼，不仅可以锻炼身体，形成健美的体形，同时还可以学会和掌握健美操的理论与方法，从而成为一名深受幼儿欢迎的幼儿园教师。科学研究证明，身体协调、灵活、性格开朗活泼的幼儿教师，通常具有更高地对幼儿进行韵律活动的教学能力，在幼儿中间更具有亲合力，更容易与幼儿打成一片，并成为幼儿的好朋友及深受幼儿喜欢的幼儿教育工作者。

本书是以学前教育专业学生为主要对象编写的。为了使本教程适应性强，教学内容有一定的弹性，三年制中等幼儿师范学校可以使用，同时大专班也可以使用。本教程的内容既包括了健美操的一般理论方法和教材的实践部分，同时更侧重于有关幼儿健美操的实例和组织教法。在加深和提高部分，还专门介绍了健美操的创编方法。

本书是幼教各级学科的教程之一，由北京幼儿师范学校文岩老师任主编，黄莉（北京市第十二中分校）、杨丹（北京市朝阳区劲松第一幼儿园）两位老师和文岩老师一起参加了具体的编写工作。幼儿实践部分的音乐作曲，是由北京幼师姚建华老师承担。在编写的过程中，幼儿系列基本体操已在几所幼儿园进行了试验，并得到北京幼儿师范学校郭亚新副校长和教务处周梅林主任、北京八一电影制片厂幼儿园刘媛老师、北京市朝阳区群星幼儿园高硕老师等大力的支持与帮助，在这里一并向她们表示感谢。本书的图片制作由北京市第十二中学教师程罡、北京幼儿师范学校教师李晓铭、张亦平、八一电影制片厂教师刘媛几位老师完成。图

片示范生是蔡欣娜、汪鼎洲以及张骞戈等几位同学。本书在编写过程中还得到赤峰学院学前教育系、宁夏幼儿师范学校、济南幼儿师范学校、华东师范大学学前教育系有关专家和教师的大力帮助，他们提出了十分中肯、有益的意见和建议，在此一并致谢。

由于时间短促和可以借鉴的同类著作不多，特别是作为独立的学前教育专业教材，尚缺少实践经验。加上编者水平有限，虽然我们力图做到图文并茂，简明扼要，易于操作，方便教学，但是，书中的内容不当之处在所难免，希望同行提出宝贵的意见，以便再版时修改。

编 者

2005 年 6 月 10 日

本书用法

一、本书的编写原则

根据健美操的特点、功能，同时结合学生的自身发展和职业培训的要求，本教程教学内容的编写，是依据下列原则构建的。

1. 健康性原则

首先，学前教育专业健美操与一般的健美操既有共同性，又存在其特殊性。它以学生的健身健美健心为目标，同时进行专业训练。因此，在编写教程时，必须把健康第一作为编写的原则。

2. 科学性原则

整本书的编写重视用科学的理论指导实践，无论是基本动作还是组合动作及成套动作的范例，都是根据人体解剖学、心理学、教育学的理论作为实践的基础创编的。

3. 全面性原则

在编写的过程中，本书极为重视学生身体的全面发展。这里讲的全面性，一是身心发展的全面性，二是身体各部位发展的全面性。在发展学生身体素质的同时，特别提倡学生思维方式、学习方法、创新能力的培养及全面的发展。使学生在学习和掌握了健美操基本动作、组合动作和成套动作的同时发展学生潜在的各种能力。

4. 系统性原则

本书的编写体现了内容的系统性和连贯性。在理论知识方面，从介绍基本知识入手，逐渐地让学生了解健美操的发展、国内外健美操动向以及竞技健美操的动作特点等。掌握一些必要的健美操基础理论知识，了解学习的目的意义与作用。实践部分动作体现了教材的系统性，从基本动作到成套的动作；从简单动作到复杂动作；从徒手动作到轻器械动作，始终贯穿一个系统性的发展。

5. 活泼性原则

因为本书是提供给学前教育专业（含五年制幼师、三年制幼师）学生的教程，因此，我们结合该专业学生的特点，选编了一些学生们喜欢的健美操组合动作和成套动作。同时结合幼儿的特点，创编了一些适合幼儿特点的基本体操。这些幼儿健美操便于在幼儿园活动课或

户外活动中进行,可充分反映孩子们的一日生活和快乐的成长过程。这些健美操包括:幼儿各种徒手操,还有一些轻器械操,如幼儿小球操、幼儿小哑铃操、幼儿小旗健身操等供大家选用。

6. 创新性原则

本书的另一大特点就是编者尽可能地从理论上和实践方面力图创新。如在书的版面上,采用了主辅栏的形式,并在辅栏中增加了一些有趣的问题和知识,来激发学生的学习兴趣和求知的欲望,同时给学生解答一些相关的问题。另外,设计和提供了一些音乐的节奏、音乐片段、音乐方法及成套的幼儿音乐作品选择等,启发学生和教师更好地去运用和选择健美操的音乐,从而解决了学习健美操、创编健美操,以及在幼儿园组织幼儿韵律活动时如何选用音乐等难题,更完美地实现教学目标。

二、学前教育专业健美操的教学目标与要求

1. 教学目标

(1) 增强体质,健美形体

各级幼儿师范学校作为培养幼儿教师的基地,根据学生培养的目标和特点,幼师的学生就更应加强体育,增强体质,幼儿教师要承担一日繁重的幼儿教育工作,工作的时间不仅长,而且还要有耐心、要有健康的身体做基础,不仅如此,还要求教师有一个健康优美的体形,这对幼儿的教育和影响都很重要。幼儿对什么是美已经有了初浅的认识,幼儿教师健美形体的塑造,对幼儿就是一种无言的审美教育。因此,在幼儿师范学校开展健美操教学是十分重要的,对幼儿师范的学生学好健美操的内容也是很有意义的。

(2) 发展表现能力

发展学生的表现能力,使之能够在众人面前充分地展示自己,表现自己身体动作的能力和抒发情感和表现力,这对于未来的幼儿教师是非常重要的。这种表现力,既包括形体的各种动作,也包括内在的情感体验。

(3) 发展能力进行职业培训

健美操具有动作变化多、节奏快的特点,因而要求学生在学习时要做到思维敏捷,联想丰富。作为幼儿教师就应具备会看、会学、会做、会教、会组织幼儿活动的职业能力。健美操的学习会给学生提高这方面的素质带来积极的作用,为成为一名合格的幼儿园教师作好准备。

(4) 陶冶情操,进行思想品德教育

各级幼儿师范学校大多都是女学生,而且毕业后绝大多数学生从事幼教工作,因此培养学生良好的心理素质,稳定的情绪是十分重要

的。通过长期健美操的训练，不仅能增进健康，增强体质，改善形体，同时还能学会调节自己的心态，陶冶情操，提高神经系统的功能，培养顽强的意志品质。在教学中，结合教材内容，使幼师生明确学习目的，能把自己的学习与社会责任感，建设社会主义祖国的理想和信念联系起来。

2. 教学要求

第一，幼师健美操属于大众健美操的范畴，与竞技健美操的发展和特点有很大的不同，如音乐的新颖、动作连接的巧妙与难度动作有机结合，是现代竞技健美操发展的主要特征和趋势；此外，竞技健美操是有氧和无氧代谢运动的结合，并以无氧运动为主，具有运动强度大，时间短，速度快的特征；竞技健美操的动作难度大、变化多、技术复杂；追求动作美的全面性、准确性、艺术性和创新性，为此，竞技健美操对人体能力的全面性提出了更高的要求。

第二，幼师健美操是根据幼师的职业特点安排学习内容。它主要是以学习健美操的基本动作、基本技术、基本理论知识，掌握健美操的学习方法、讲解方法、演示方法、纠正与评价方法以及组织教学的方法等综合能力与方法。同时，培养学生规范的健美操动作，塑造优美的体形，提高表现力及韵律感、节奏感，以及鉴赏力和创造美的能力。

第三，幼师健美操的学习，是以小组合动作和短套路的动作为主要内容和手段，使学生在较短时间的学习中既达到了锻炼身体的效果又培养学生的职业能力，也满足了学生学习的欲望和表现自己的要求。

第四，幼师学生学习健美操时要做到以下三个方面。

（1）规范性

规范性是对幼师健美操动作完成质量的综合评价。作为幼师的学生就应要求动作的方法、姿态、位置、路线等按照规定的动作标准完成。学习健美操时就应先建立学习健美操的规范意识，有意识地培养正确的身体姿态，并有目的地塑造自己逐渐达到规范动作的自如化。

（2）力度性

力度性是衡量幼师健美操完成质量的重要内容之一，是力量和速度完美结合的表现。幼师健美操的力度表现主要是动作的刚劲有力、动作舒畅富有弹性，充分体现出幼师健美操的"健、力、美"的风格与特点，表现出现代幼师学生的风采与精神面貌。

（3）表现性

表现性是幼师学生在体验健美操时内在的感受与外在表现的抒发。学生在做每一个幼师健美操的动作时都能感受到动作内在美和外在美的表现，这不仅仅是动作的力度和幅度的表现、也不仅仅是身体完美协调的表现，它还包括了对音乐的感受、对整套动作的理解程度等，在综合的素质上能完美的表现出来。

三、健美操教与学的方法

幼师学生在学习健美操动作（基本动作和成套动作）时，要充分发挥学生的主体作用，教师要积极地激发学生主动学习。根据学习幼师健美操项目的特点，要发挥教师的教和学生的学双方的作用。传授给学生具体动作的方法，经常运用的有以下教学法。

1. 教师的教法

（1）讲解与示范教学法

为了提高学生的理解和尽快地掌握动作，一般都采用讲解与示范法，在健美操的教学中教师先讲解动作的特点、方法、难点等，再进行动作的完整示范，给学生以完整的动作感，最后教学效果明显，学生掌握得很快。但要根据实际情况，具体分析和采用。

（2）分解与整体教学法

分解与整体教学法是健美操教学不可缺少的方法，无论是教健美操的组合动作、短套路动作还是成套动作，都是从分解教学开始的，通过分解教学才能掌握一个个单个动作，再连接组合动作，最后才是将动作连成套路动作的。因此，分解与整体教学法是学好健美操行之有效的教学方法。

（3）幼儿韵律活动教学法

幼儿韵律活动教学法是培养学生专业能力的方法，它是幼儿教育活动的需要，也是学好健美操的需要。在教学过程中有意识地将一些幼儿基本体操的动作通过简单的音乐配合进行练习，同时教师用一些手势提示、带有鼓励性口令、教师动作的演示等。配合音乐进行操练就会收到好的教学效果，学生们也会情绪高涨地学习。

（4）累进教学法

在健美操的教学的过程中，可以运用教完一节动作或是教完左边的组合动作后，就让学生以小组的形式进行研究讨论，反复地复习学过的动作，教师再进行下一节动作或新组合动作的教学，然后再让学生分组思考，将上一节动作或组合动作连起来进行练习，也可以让学生把左边的动作迁移到右边去，这样一节一节累进起来进行学习不仅使学生能很快的掌握动作，还能培养学生良好的学习方法。

（5）激励教学法

激励教学法是让学生自信的最好办法。因此，无论是在学习健美操的组合动作过程中，还是在完成健美操的成套动作之时，都要及时进行教学评价，并不断给予学生适当的鼓励。激励学生端正学习态度，克服畏难情绪，坚持团结合作，完美展示自己。让学生在相互观察与评价中，在教师的指点与肯定中，学习热情达到最高，学习效果最好。

2. 学生的学法

（1）模仿与练习教学法

根据幼师的职业特点，往往用模仿与练习的方法进行教学，同时也是培养学生模仿力、观察力及学习和掌握健美操自学自练的能力。在教一节动作时，教师先要将教的动作示范一遍，然后就让学生跟着教师一起模仿动作的过程、动作的规律、动作的方法等，逐渐地将动作掌握，最后完成成套动作的模仿。通过这一方法的教学，不仅培养学生的模仿力、观察力、记忆力等能力，同时也是幼儿教师必备的能力。但要注意模仿的动作开始时不能太难，随着学生能力的逐渐提高而提高。

（2）联想与记忆教学法

健美操的教学内容丰富多彩，在教学中运用健美操的动作特点进行联想与记忆，也能收到好的教学效果。比如，一些模仿操就可以联想要模仿的事物、动物等进行联想记忆；还可以将一套健美操的风格、动作特点、规律等联想起来学习，既简单又容易学会。它是学习健美操非常好的教学方法。

（3）小组合作学习法

小组合作学习法是学健美操的一种好方法，通过教师的教与个人的学，对自己的学习还不能有一个很好的评价，如果进行小组合作的学习方法，就能互学、互看、互纠正、互评价、互提高等，从而提高了学生的观察力、思维力、审美力以及评价和综合的专业能力。它也是幼儿教师必备的素质和能力。

目 录

第一章 健美操的起源与发展 \ 1
第一节 健美操的发展 \ 1
第二节 健美操的概念与分类 \ 2
一、健美操的概念 \ 2
二、健美操的分类 \ 2

第二章 健美操的特点与功能 \ 3
第一节 健美操的特点 \ 3
第二节 健美操的功能 \ 4

第三章 学前教育专业健美操 \ 5
第一节 健美操基本动作 \ 5
一、手型 \ 5
二、身体动作 \ 5
第二节 健美操组合动作 \ 6
一、姿态动作组合 \ 6
二、手臂动作组合 \ 7
三、身体动作组合 \ 8
四、跳跃动作组合 \ 12
第三节 健美操成套动作 \ 17
一、姿态健美操 \ 17
二、韵律健身操 \ 23
三、室内健身操 \ 33
四、健身球操 \ 41
五、响棍健身操 \ 47

　　　　　　六、表演健美操 \ 55
　　　　　　七、合作健身操 \ 60
　　　　　　八、扇子健身操 \ 69
　　　　　　九、软式球韵律操 \ 74
　　　第五节　校园健美操赛 \ 81
　　　　　　一、比赛流程参考与采纳 \ 81
　　　　　　二、评判你我他 \ 83

第四章　幼儿健美操 \ 85

　　　第一节　幼儿基本体操成套学习要求 \ 85
　　　第二节　幼儿健美操成套动作介绍 \ 86
　　　　　　一、幼儿模仿操 \ 86
　　　　　　二、幼儿卡通操 \ 91
　　　　　　三、幼儿毛毛球操 \ 94
　　　　　　四、幼儿小旗操 \ 102
　　　　　　五、幼儿绳操 \ 107
　　　　　　六、幼儿小皮球健身操 \ 110
　　　　　　七、幼儿哑铃健身操 \ 114

第五章　健美操的创编 \ 121

　　　第一节　健美操创编要求 \ 121
　　　　　　一、如何构建健美操的动作 \ 121
　　　　　　二、要有针对性 \ 122
　　　　　　三、动作新颖性 \ 122
　　　第二节　健美操的创编步骤 \ 123
　　　　　　一、准备工作 \ 123
　　　　　　二、设定方案 \ 123
　　　　　　三、动作音乐 \ 123
　　　　　　四、体验与调整 \ 123
　　　　　　五、速记与绘图 \ 123

第一章　健美操的起源与发展

第一节　健美操的发展

健美操一词及其内容与形式始于现代。但是，它是从体操演变发展而来的。体操的概念及内容可追溯到两千多年前的古希腊人，他们认为在世界万物中，只有人的健美身躯，才是最美、最庄重、最和谐、最有感染力和最有生气的。

在我国的《黄帝内经》中，曾有"导引养生力"的介绍。东汉时期华佗，曾把导引的动作，创编成"五禽戏"，编成虎、鹿、熊、猿、马等五个动作，以展示五种动物的特征，既美观、生动，又能活动筋骨，使身体得到全面的锻炼，在某种意义上说这些是我国具有民族特色的体操活动。

印度的瑜伽术，包括站立、跪、坐、卧等各种人体的姿态及其动作的变化，再配上音乐的各种练习，就具有健美操的一些基本动作，从而达到健身、健心、健美的目的。

现代健美操是在基本体操的基础上发展起来的。起初是将韵律体操、艺术体操、健身运动融合起来。现在很难准确地说健美操是由哪一个国家发明的，在 20 世纪中叶欧洲各国都有健美操形式出现。据有关文字可考，1956 年在美国建立了健美操协会，在法国有许多人参加这项新兴的运动项目。美国于 1985 年开始，举办全美的健美操比赛。近 30 年来，随着遍及全球的健身热和娱乐体育的发展，健美操风靡世界。特别是 20 世纪 80 年代以来，健美操以它强大的生命力，在世界范围内迅猛地开展起来。

随着世界全球的健美操热，我国的健美操活动也迅速地开展起来。我国自 1979 年以来，在各地相继举办了各种形式、不同内容的健美操培训班，受到广大群众，特别是青少年的欢迎。在中小学、幼儿园，一些新的中小学生幼儿系列广播体操已代替了原来的广播操。这些新的广播体操以其新颖的动作、配以优美的音乐，具有健美操类型的韵律与节奏。各省市、自治区、各行各业也组织了多种多样的健美操活动和比赛：1987 年 5 月首届长城杯全国健美操比赛在北京举行；1988 年 6 月，在北京又举行了第二届长城杯健美操国际邀请赛；1989 年 1 月，在贵阳举行了"青松杯"第三届全国健美操邀请赛；1990 年 5 月在昆明举行了第四届；1991 年 6 月，在北京举行了第五届；1992 年 6 月，在佛山举行了第六届健美操比赛。

目前，国际上共有七个健美操组织。其中，最有影响的是 IAF（国际健美操联合会），总部设在日本。FISAF（国际健美操健身联合会）

观察与学习

你喜欢健美操吗？你学过什么样的健美操？也许你已看过健美操的表演或是健美操的比赛，但你可能没有参与过，你想学吗？你想亲自参与到学习健美操的行列中吗？那就让我们一起来先了解健美操的产生与发展，共同体验学习健美操的快乐！

知识窗

"美"是人类最基本的追求和共同追求的目标。我们每一位青年，特别是幼师的学生，将要成为一名幼儿教师，就更想有一个"美"的形体，因而都在为理想中的美而努力，都想通过美化自我来展示自己的存在，获得身心的满足。这也许就是人的一种本性吧！但何为"美"？随着时代变化、科技的进步和经济的快速发展，人的审美观也随之发生了很大的改变。当今有越来越多的女性讲究健美的身材、人体的精神面貌和柔中带刚的气质，现在越来越多的女青年踊跃地参加健美操的锻炼，为健美而苦练。然而，"美"是相对的，学习健美操不仅能使我们形体健美，更能使我们的身体健康，这才是美的根本。

总部设在美国。1994年FIG（国际体操联合会）成立了专门的健美操委员会，并于1995年12月在法国巴黎举办了第一次比赛。中国代表队也参加了比赛，此次参赛使我国迈出了历史性的第一步。

第二节　健美操的概念与分类

一、健美操的概念

健美操是以人的身体锻炼、塑造人的健美形体为目的，全面发展人的身体素质，融体操、舞蹈、音乐为一体的体育项目。它以独特的锻炼价值和魅力，深受幼儿师范学生的喜爱。目前，在我国健美操已纳入学校体育的主要课程内容之一。

二、健美操的分类

健美操属体操大项目的范畴。目前，健美操分类方法繁多，一般归纳起来可分为：大众健美操、竞技健美操和表演健美操三大类（见下图）。

你知道吗？

女性健美的标准有哪些？
1. 有足够充沛的精力，能承受平日繁重的工作压力。
2. 处事乐观，态度积极，乐于承担责任和帮助别人。
3. 善于休息，睡眠好。
4. 应变能力强，能适应外界环境的各种变化。
5. 体重适当，身材均匀。
6. 有抵抗一般性疾病的能力。
7. 眼睛明亮，反应敏锐。
8. 牙齿清洁，颜色正常。
9. 头发光泽，无头皮屑。
10. 肌肉、皮肤有弹性。

告诉你

体育项目的分类是为教学服务的，对于培养幼儿园教师，作为健美操基础理论知识，要知道这些分类方法。而教程的实践教材内容，则侧重于大众健美操，并介绍如何创编大众健美操。至于竞技健美操只能介绍一般知识，有条件的学校可组织健美操队，在一部分学生中开展。

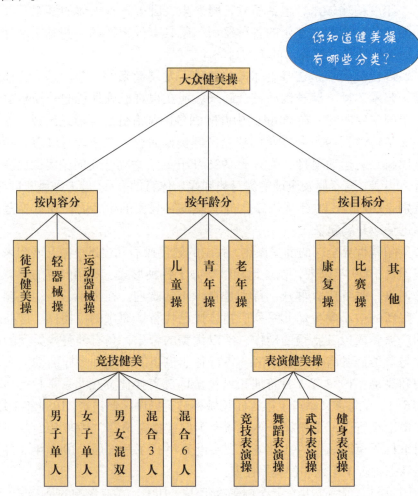

图1-1　健美操的分类

第二章 健美操的特点与功能

第一节 健美操的特点

每一种运动项目都有其自身的特点。在选择某一运动项目进行锻炼时，必须考虑到它的特点，才能有意识地发挥其功能。健美操具有如下特点，有助于实现幼儿园教师培养的目标。

第一，健美操是以健身为基础，融体操、舞蹈、音乐于一体，是体现"健、力、美"的运动项目。

健美操是把形体美、姿态美、动作美和精神美结合起来的运动项目，是能体现形体、姿态、动作、外在美的训练，它注重美的欣赏、美的情操和内在美的培养，是一项深受学生们喜爱的、促进人"健、力、美"的锻炼项目。

第二，健美操是按人体解剖部位，为达到身体匀称、协调、健美地发展进行设计与编排的成套动作。因为健美操是按人体解剖部位设计的，因此动作活泼多样，造型美观，并包括许多小关节的活动，结构可起伏变化、流畅，可以有针对性地对人体的局部或整体进行锻炼，具有很大的实用性。

第三，健美操的动作结构一方面有舞蹈动作，另一方面又是按体操的规律再造的，是按照锻炼身体的需要创编的。

健美操融合了体操与舞蹈的动作，但又不是单纯的舞蹈。因为国外的健美操多与节奏强烈的、具有迪斯科舞蹈的动作相结合，因此有人把健美操认为是迪斯科舞蹈，这是不准确的。健美操是操，而不是舞，即使是迪斯科健美操，那也是操化了的舞蹈动作，而并非舞蹈。

第四，健美操必须有节奏鲜明的、具有韵律感的音乐相伴奏，一般不含有歌词。由于节奏鲜明、铿锵有力，使人一听到音乐，就使人产生跃跃欲试、情绪振奋的感觉。健美操的动作与音乐是相辅相成的。在创编一套健美操时，有的是根据音乐的节奏和韵律建造动作的，也有的是创编了动作再配音乐的，是根据动作节奏的内涵创编音乐的，关键是两者必须协调一致。音乐不是外加或可有可无的，而是与动作浑为一体的，是健美操很重要的一部分。

作为职业学校体育课程中的健美操，虽然具有学生个人的健身性、教育性功能，同时也有其专业性和工具性特点，也称作"示范性"。但是，它与竞技健美操在技术难度和生理负荷等方面是不相同的。

告诉你

美国著名健美操学者彻妮尔·蒂戈丝曾经说过："世界上所有的女性都有潜在美的魅力，其诀窍就在于她怎样表现出来。"这个诀窍就是运动，而健美操运动就能使你更健美，使你青春常驻。

大家都知道，形体美离不开肌肉的丰满，丰满的肌肉来源于后天的体育锻炼。通过健美操的锻炼就可以使胸脯扁平的女性胸廓加大，立体感加强，使形体变得丰满而有曲线性；腿部肌肉也变得壮实稳健；同时脂肪能够逐渐消耗，使臀围、腰围、胸围、腿围等部位的脂肪缩减，使身体的线条清晰，体现出女性的"S"形，给人以健康的感觉和美的享受。

问一问

你知道健美操的力度吗？简单的理解就是在做一个动作时，运动轨迹过程中所要求的、必要的、短时间的制动。这要靠很长一段时间练习和体验才能做到和表现出来。

第二节 健美操的功能

健美操是根据教学目标构建的，即以目标统领内容。但是，作为体育项目的功能是多方面的，不可能把所有的功能都作为目标，所以要有针对性地选择其中的某些功能作为健美操的教学目标。幼师健美操的意义与功能有以下三点。

第一，丰富教学内容，提高身体素质。幼师健美操课的开设和教学，丰富了幼师体育教学的内容，可活跃课堂气氛，调动学生学习健美操的积极性，满足学生的生理和心理的需要，促进体育教学质量的提高和学生身体的正常发育，全面地发展身体的协调性、柔韧性、力量、耐力等身体素质。

第二，丰富课外活动，陶冶美的情操。健美操的学习可以丰富和活跃学校的课外活动和文化生活。学生们都非常喜欢健美操运动，积极地参与，特别是课间操的锻炼，学生们通过健美操的学习，都能自己创编各种类型的健美操，并能勇敢地站在讲台上进行讲解、示范、组织学生一起锻炼，为学校的体育活动增添了新的气息和内容，注入新的活力。这也为将来从事幼儿教育工作奠定良好功底。

第三，提高就业能力，培养优秀的幼儿教师。作为一名幼儿教师要想拥有一个优美的身体姿态，就应学会塑造自己的形体美和动作美，并应有表现的能力。通过健美操的学习不但可以达到以上的目的，还能陶冶情操，进一步展示当代学生的健康美和动作美及时代的美。

问一问

你觉得幼师健美操的学习对你的幼儿教育工作有必要吗？你认为学好健美操对你的专业素质有提高吗？我想等你体验后会有答案的。

知识窗

幼师的学生大多都是15—18岁青春少女，有着独特的气质和风采，是少女黄金般的花季，也是身体发育的关键时期。在这个阶段，营养和体育锻炼是塑造健康体质的基础，特别是幼师健美操的学习对形体的培养更是一种必不可少的锻炼手段。

为此，进行幼师健美操的有氧锻炼，心血管系统能得到很好的锻炼，此外，内分泌腺和神经系统的调节功能也能进一步加强并日益完善，生殖器官发育加快，女子第二特征发育也十分迅速等，请你赶快行动起来哟！

第三章　学前教育专业健美操

幼师健美操的实践内容是根据人体的解剖学原理和运动特征编排的。这些基本内容是学好幼师健美操的基础，是培养幼师生的基本姿态、良好的动作习惯、发展幼师生各部位动作的灵活性和协调性的有效手段。

第一节　健美操基本动作

一、手型

 合掌，也叫基本手型。

 分指掌，五指分开，手指有力。

 屈指掌，也叫"虎"掌，一般青少年操中用得较多。

 拳，五指屈握，大拇指在外。

 健美手指也叫西班牙手指，手腕内旋，五指伸开，小手指内扣。

二、身体动作

头部动作： 屈（前、后、左、右）、转（左、右）、绕（左、右）、绕环（左、右）。
肩部运动： 提沉肩（单肩、双肩）、绕肩（前绕、后绕）、绕环（前绕、后绕）。
上肢动作： 举（臂前举、侧举、上举、侧上举、侧下举、单臂侧上、侧下举等）。
屈： 臂体前屈、体后屈、体侧屈、肩侧屈、胸前屈、头后屈等。
伸： 臂前伸、侧伸、侧上伸、侧后伸、侧下伸等。
摆： 前摆、后摆、侧摆、上摆、屈伸摆、波浪摆。
绕： 前绕、后绕、侧绕、上绕等。

想一想

是什么原因造成你的体重居高不下？是遗传体质还是新陈代谢的问题？要找出自己的问题，才能对症下药，进行成功的减肥锻炼。

导致发胖的原因有很多，但基本上可分为三类：单纯性发胖、继发性发胖、遗传性发胖。在这三种类型中你属于哪一种呢？但无论是哪一种形式的发胖，它都与饮食和体育锻炼有着紧密的关系，多吃容易发胖，锻炼太少也容易发胖，这需要你对有关知识的学习和有针对性地进行体育锻炼哟！

试一试

合掌的手型最好做，但它最不容易保持，很容易忽略。

分指掌的手型，要做得好，就要手指尖都充分地用力。

做屈指掌时，手指要自然屈指，用掌根用力。

握拳的手型，要实实在在，不能虚做。

健美手指手型，要做得开放，有力、潇洒、健美。

健美操教程

告诉你

掌握好健美操的基本手型和基本动作，是学好幼师健美操的关键和基础，你掌握了吗？

绕环：前绕环、后绕环、侧绕环、上绕环、下绕环、并步绕环等。

振：振臂、振胸等。

胸部运动：含、挺、移胸（含胸、挺胸、左右移胸）。

腰部运动：屈（前屈、后屈）、转（左、右、后转）、绕（左、右绕）、绕环（左、右绕环）。

髋部运动：顶髋（前、侧）、提髋（前、侧、后）、摆髋（左、右）、绕髋（左、右）。

下肢运动：步法（踏步、走步、"V"字步、点步、并步、跑跳步、踏跳步等）。

跳法（开合跳、抬腿跳、踢腿跳、弓步跳、弹踢跳、各种模仿跳等）。

第二节　健美操组合动作

健美操的组合动作是在基本动作的基础上发展的，组合动作是成套动作的基础，成套动作就是由几个以上的组合动作编排而成的，组合动作的编排有左右对称的，也有不对称的，这主要是根据创编的目标而定。下面介绍四组不同风格的组合动作供参考。

一、姿态动作组合

姿态动作组合（6×8拍）是由几个动作的造型所组成的一套简单易学的组合动作，整套动作体现了身体姿态与造型结合的美感，特别是动作的衔接由柔到刚的过渡，表现出动作的美和姿态的美，它是用来训练形体的最好内容。动作方法如下：

● 第一个八拍动作

1—2　　3—4　　5　　6　　7—8

1—2 身体左转45度，左腿前伸脚尖点地，同时两臂缓缓抬起成二位。
3—4 两腿经屈膝重心前移（右脚尖点地），同时左臂成七位，右臂成三位。
5—6 右腿向前一步成弓步，同时两臂经后向前摆至前斜上举（眼看前上方）。
7—8 两臂做手臂波浪一次。

● 第二个八拍动作

1—2　　3—4　　5—8

1—2 左腿稍屈膝，重心后移右腿伸直脚尖点地，同时两臂打开。
3—4 上体前倾，同时两臂做依次波浪。
5—8 重心前移，右脚尖点地，同时右肩带动两臂缓缓摆至三位（眼看右方）。

● 第三个八拍动作

1—2　　　3—4　　　5—6　　　7　　　8

1—2 左脚侧出一步，同时右腿稍屈膝，两臂经头上交叉摆至体前交叉。
3—4 两臂侧摆，同时做侧波浪一次，上体向左侧屈（挺胸，眼看左方）。
5—6 重心左移，同时两腿直立，右脚尖点地，左臂摆至上举，右臂摆至前举。
7 身体向右转45度，同时两臂成七位。
8 右脚收回，同时两臂还原成一位。

● 第四、五、六个八拍同第一、二、三个八拍动作，但方向相反

二、手臂动作组合

手臂动作组合（4×8拍）是通过手臂各方位的动作及方向的控制，使手臂的基本动作得以熟练与巩固，为将要学习的各种类型的健美操奠定基础。动作方法如下。

● 第一个八拍动作

1—2　　　3—4　　　5—6　　　7—8

1—2 两腿直立，同时两臂侧平举。
3—4 两臂上举。
5—6 左臂侧上举，同时右臂侧下举（眼看左手）。
7—8 两臂侧下举（眼看左方）。

● 第二个八拍动作

1—2　　　3　　　4　　　5—6　　　7—8

1—2 两臂摆至侧上举（稍抬头）。
3—4 两臂经头上交叉向下供环（稍含胸低头）。
5—6 两臂摆至左臂侧下举、右臂侧上举（眼看右手）。
7—8 还原成直立。

● 第三、四个八拍同第一、二个八拍动作，但方向相反

动作提示

1. 做头部运动时，颈部要保持适当放松。
2. 做肩部运动时，提肩要紧张，沉肩要放松。
3. 做上肢运动时，上举臂时肩夹紧，侧上举肩打开，侧平、前举时要稍低于肩。
4. 体侧屈时，上体要在一个平面上。
5. 伸、摆、绕臂时，要以肩关节为轴，肩关节要放松。
6. 胸部运动，含胸要稍低头，挺胸时要收腹，同时头摆正。
7. 做跳跃时，要轻松，落地要轻，有缓冲。

动作提示

做手臂组合动作时，两臂的肌肉要始终保持紧张，你只要用手指尖做到用力，就基本上掌握了组合动作的要领和关键。请你按这个方法体验一下，也可以小组练习，相互观察、帮助、掌握、改进与提高，同时一起探讨与评价学习的好方法。

你知道吗？

姿态组合的每一个动作都体现了身体线条的美和动作的美，特别是做动作时的内在感受和外在的表现，你感受到了吗？姿态动作组合具有舞蹈的特点，整套动作过程柔中带刚，随着音乐的节奏和两臂的波浪起伏表现出动作与音乐的协调配合，享受着身体动作的美和内心的美。

三、身体动作组合

身体动作组合是根据上下肢各部位动作，有规律地排列起来的一串组合动作。整套组合由三部分组成，动作简单易学，都是一些基本的动作，加上一些动作方向的变化和转体等动作组成。第一部分基本上是以伸展和姿态的造型为主的动作练习；第二部分伴有动作的方向变化及转体的动作；第三部分是跳跃和整理的内容。本套组合可以用来锻炼身体，也可以用表演的形式出现，下面介绍具体动作方法。

（一）第一部分动作：8×8拍

● 第一个八拍动作

1、3　　2、4　　5—6　　7　　8

1—4 左脚开始原地踏四步，同时两臂前后摆动。
5—6 左脚侧出一步，同时压脚跟弹动两次，两臂体前交叉摆动两次（稍含胸低头）。
7 右脚侧出一步脚尖点地，同时左手叉腰，右臂侧上举（眼看右手）。
8 右脚收回，同时右臂经侧还原成直立。

● 第二个八拍同第一个八拍动作，但方向相反

● 第三个八拍动作

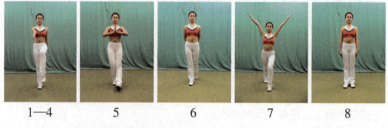

1—4　　5　　6　　7　　8

1—4 同第一个八拍的1—4动作。
5 左腿前伸脚跟着地，同时右腿稍屈膝，两臂胸前屈击掌。
6 左腿后伸直立脚尖点地，同时两手体后击掌。
7 左脚前出一步成弓步，同时重心前移，两臂侧上举（稍抬头）。
8 左脚收回，同时两臂经侧还原成直立。

● 第四个八拍同第三个八拍动作，但方向相反

● 第五个八拍动作

1—4　　5　　6　　7　　8

你知道吗？

你了解自己的身体吗？

单纯性发胖： 主要是营养过剩而体育运动又很少的缘故。当你摄取的食物热量超过了消化的热量时，多余的物质就转化为脂肪储存在体内，时间长了就会逐渐地发胖。

继发性发胖： 是由于内分泌系统的病变或其他疾病导致的脂肪代谢功能的紊乱所形成的发胖，这类发胖还是很少见的，只占2%—3%。

遗传性发胖： 据资料：父母的高代谢率就是一种遗传因素。由于代谢率低，父母都是肥胖者，其子女的发胖者可达60%—80%。父母中有一个胖者，其子女胖者占40%；父母都瘦，其子女胖者仅占10%。

1—4 同第一个八拍的 1—4 动作。
5 左脚侧出一步，同时左臂侧举，右手叉腰（眼看左手）。
6 左臂肩侧屈（手指触肩）同时头转正。
7 上体向右侧屈，同时左臂伸至上举。
8 左脚收回，同时左臂经侧还原成直立。

● 第六个八拍同第五个八拍动作，但方向相反

1—4　　5　　6　　7　　8

● 第七个八拍动作

1—4 同第一个八拍的 1—4 动作。
5 左脚侧出一步，同时两腿稍屈膝，两臂侧平举。
6 两腿直立，同时上体左转体 90 度，两臂肩侧屈。
7 左脚收回，同时两腿稍屈膝，两臂胸前平屈（左臂下，右臂上）。
8 两腿直立，同时两臂还原体侧。

● 第八个八拍同第七个八拍动作，但方向相反

（二）第二部分动作：8×8 拍

● 第一个八拍动作

1　　2　　3　　4

1 左脚侧前出一步（走 V 字步），同时左臂侧平举。
2 右脚侧前出一步（走 V 字步），同时右臂侧平举。
3 左脚退回原位，同时左臂还原体侧。
4 右脚退回原位，同时右臂还原体侧。
5—8 同 1—4 动作，但方向相反。

● 第二个八拍动作

1　　2　　3　　4

1 左脚侧前出一步（走 V 字步），同时身体向左转体 90 度，左臂胸前立屈（握拳）。
2 右脚侧前出一步（走 V 字步），同时右臂胸前立屈。
3 左脚退回原位，同时左臂还原体侧。
4 右脚退回原位，同时右臂还原体侧，身体转正。
5—8 同 1—4 动作，但方向相反。

观察与学习

你发现第一部分动作的规律了吗？第一个八拍至第八个八拍的前四个动作都是一样的。你是怎样学习这套动作组合的？是一个个单独动作的学习和记忆？还是先发现组合动作的规律，再根据动作规律掌握动作的？你还有哪些好的学习方法，介绍给大家一起学习。掌握好的学习方法，才能提高学习效果。

知识窗

要想进行减肥运动，必须多做有氧练习，多进行健美操的锻炼，尤其是幼师的学生。多做有氧性的健美操，能消耗大量的热量，从而能消除体内多余的脂肪，达到减肥的目的。

如果将 4 分钟高强度的有氧健美操锻炼和自己的身体情况结合起来，组成一组组规定间歇的严格练习，既丰富有趣又可以燃烧掉体内多余的脂肪，从而取得减肥的最佳效果。

作为一名幼儿教师，有一个健美、均匀、健康的身体是非常有用的，你不妨按照以上的内容、方法结合自己的实际情况，认真地制定一个行之有效的健美操锻炼计划，并进行坚持不懈的训练。祝愿你减肥锻炼成功！

健美操教程

观察与学习

"V"字步是健美操的基本步法。在做"V"字步时，不仅仅只是脚步的动作，它往往还加上一些上肢的动作配合。同时"V"字步还可以转方向做，也可以用来做跳跃运动和整理运动等。你能灵活地运用"V"字步吗？你能用"V"字步创新出更多的动作吗？

试一试

减肥还可以用节食来完成，你能做到吗？首先要从不吃零食做起，尽量少吃或不吃甜食，像糖果、蛋糕等。再适当地减少一日三餐的热量和高脂肪的摄入量，更重要的是要多参加体育运动，特别是一些健美操的有氧锻炼，才能取得有效的锻炼结果。你能做得到吗？赶快行动起来吧！

● 第三、四个八拍同第一、二个八拍动作，但方向相反

● 第五个八拍动作

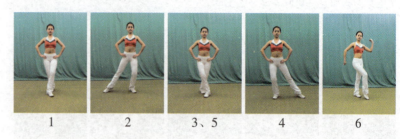

1 2 3、5 4 6

1 左脚前出一步，同时两腿稍屈膝，两手叉腰。
2 右腿侧伸脚尖点地。
3—4 同 1—2 动作，但方向相反。
5 左脚后退一小步，同时稍屈膝。
6 左腿伸直，同时右腿稍屈膝脚尖在左脚旁点地，左臂肩侧屈，右臂体侧屈，髋向前转动。
7—8 同 5—6 动作，但方向相反。

● 第六个八拍动作

1—2 3 哒 4、6 5

1—2 左脚向侧一步，同时左臂侧举，头向左转（分指掌）。
3 两脚小并跳一次，同时两手叉腰。
哒 两脚开跳一次。
4 两脚并跳一次。
5 左腿前伸脚跟着地，同时右腿稍屈膝。
6 左腿收回，同时两腿直立。
7—8 同 5—6 动作，但方向相反。

● 第七、八个八拍同第五、六个八拍动作，但方向相反

（三）第三部分动作：12×8拍

● 第一个八拍动作

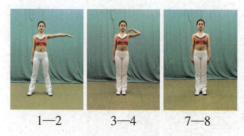

1—2 3—4 7—8

1—2 跳成左右开立一次，同时左臂侧举。
3—4 跳成并立一次，同时左臂肩侧屈（手指触肩，眼看前方）。
5—6 同 1—2 动作。
7—8 跳成还原直立。

● 第二个八拍同第一个八拍动作，但方向相反

● 第三个八拍动作

1、3　　　　2　　　　4、6　　　　5、7　　　　8

1 跳成开立，同时两臂侧平举。
2 跳成并立，同时两臂肩侧屈（手指触肩）。
3 同 1 动作。
4 跳成还原直立。
5 跳成开立，同时两臂经体前交叉向上绕至侧平举。
6 同 4 动作。
7 同 5 动作。
8 跳成还原直立。

● 第四个八拍同第三个八拍动作。

● 第五个八拍动作

1　　　　2、4　　　　3　　　　5、7　　　　6

1 左腿屈膝抬起 90 度跳，同时两手叉腰。
2 两腿跳成并立。
3 同 1 动作，但换右腿抬。
4 同 2 动作。
5 跳成左腿前、右腿后落地，同时左臂后摆、右臂前摆。
6 同 5 动作，但方向相反（换跳一次）。
7 同 5 动作。
8 跳成直立（图略）。

● 第六个八拍动作

1—2　　　3—4　　　5　　　6　　　7

1—2 向左并步小跳一次，同时两臂胸前平屈（握拳，上体稍向左倾）。
3—4 同 1—2 动作，但方向相反。
5—7 向左后转体踢腿跳三次，同时两手叉腰。
8 跳成还原直立（图略）。

● 第七、八个八拍同第五、六个八拍动作，但方向相反

知识窗

有氧健美操减肥最科学，经过长时间练习，它能把血液将氧气输送到全身来消耗多余的脂肪，从而达到减肥的目的。但你一定要掌握有氧健美操的特点，即强度低，节奏感强，不中断，练习的时间长，动作的难度也不大，重复的动作比较多等。了解了这些特点，你就能选择适合你的有氧健身操了。

问一问

篮球运动能培养你优美的身体姿态吗？能塑造你健美的体魄吗？能发展你的身体素质吗？请你思考。

告诉你

什么是有氧运动呢？有氧运动也称为有氧代谢，也就是指糖、脂肪、蛋白质在氧的作用下分解为二氧化碳和水，同样释放大量的能量，供二磷酸腺苷再合成三磷酸腺苷，最后由三磷酸腺苷分解再释放能量，供给生命活动能量的需要。

想一想

你知道什么是正确的站立姿势吗？是两脚尖并拢？还是成小八字站立好呢？

知识窗

做健美操时注意的饮食问题：

1. 在练习的过程中，最好不要饮大量的水，休息时可以少量、多次补充水分，但水温不宜过凉。

2. 做健美操前，不宜吃过多的甜食或含淀粉过高的食物。

3. 特别注意正餐后的2小时内不要进行健美操的练习，因为做操时的血液正为肌肉输送氧气，不能同时进行消化食物，此时进行练习就会出现身体不良的反应。

4. 睡觉前1—2小时也不宜进行健美操练习，它会使你大脑兴奋，无法尽快地进入睡眠状态，从而导致休息不好，影响第二天的学习效果。

5. 长期的少食多餐、慢速进食，不仅会使你保持健康的身体，还会使你拥有一个苗条健美的体形。

● 第九个八拍动作

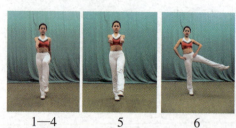

1—4　5　6　8

1—4 左脚开始原地踏步，同时两臂前后自然摆动。
5 左脚向前踹踢（脚跟带动），同时两臂前摆。
6 左脚向侧踹踢（脚跟带动），同时两手叉腰。
7 哒 左右脚原地各踏一次（图略）。
8 左脚踏一次还原成并立。

● 第十个八拍同第九个八拍动作，但方向相反

● 第十一个八拍动作

1—4　5—6　7　8

1—4 左脚开始原地踏四步，同时两臂前后自然摆动。
5—6 左脚侧出一步，同时两腿起踵，两臂摆至侧平举（并做深吸气）。
7 左脚收回落踵，同时两臂缓缓下摆（并做吐气）。
8 两臂还原成直立。

● 第十二个八拍同第十一个八拍动作

四、跳跃动作组合

（一）动作组合方法一：8×8拍

● 第一个八拍动作

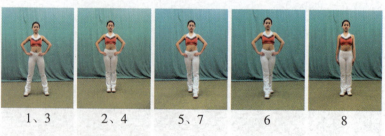

1、3　2、4　5、7　6　8

1 跳成开立，同时两手叉腰。
2 跳成并立。
3—4 同 1—2 动作。
5 跳成左腿前、右腿后落地。
6 两腿前后交换跳一次。
7 再交换跳一次。
8 跳成还原直立。

● 第二个八拍同第一个八拍动作，但方向相反

- 第三个八拍动作

5　6　7　8

1—4 同第一个八拍的 1—4 动作。
5 左腿屈膝 90 度抬起跳一次。
6 跳成左腿前交叉落地。
7 跳成分腿落地。
8 跳成还原直立。

- 第四个八拍同第三个八拍动作，但方向相反

- 第五个八拍动

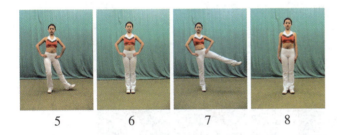

5　6　7　8

1—4 同第一个八拍的 1—4 动作。
5 跳成左腿侧伸脚跟着地，同时右腿稍屈膝，两手叉腰。
6 跳成两腿并立。
7 左腿侧前跳踢一次。
8 跳成直立。

- 第六个八拍同第五个八拍动作，但方向相反

- 第七个八拍动作

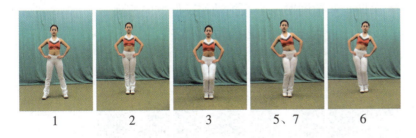

1　2　3　5、7　6

1—2 同第一个八拍的 1—2 动作。
3 两腿稍屈膝向前小跳一次。
4 两腿稍屈膝向后小跳一次（图略）。
5 两腿稍屈膝向左小跳一次。
6 两腿稍屈膝向右小跳一次。
7 同 5 动作。
8 跳成还原直立（图略）。

- 第八个八拍同第七个八拍动作，但方向相反

你知道吗？

跳跃组合练习有什么好处？

1. 跳跃动作能发展你的弹跳力和掌握跳跃动作的方法。
2. 跳跃组合还能发展你的耐力，增强有氧训练的能力。
3. 通过有计划的科学练习，不仅能提高你的弹跳力，发展你的跳跃能力，同时还能减轻你的体重，起到减肥的作用。

你知道吗？

由于种族、年龄、性别、身高、生活环境的不同。有关专家研究出我们中国人标准体重的公式为：

- 南方人体重（千克）
= [身高（厘米）— 150] × 0.6+48
- 北方人体重（千克）
= [身高（厘米）— 150] × 0.6+50

国外医学界权威人事对青年人体重测试主张公式为：

- 男青年：体重（千克）
= 身高（厘米）— 109
- 女青年：体重（千克）
= 身高（厘米）— 104

美国专家恩德列斯教授研究出计算儿童的公式为：

- 儿童（12 岁以下）：
体重（千克）= 年龄 × 2+8

健美操教程
Jian mei cao jiao cheng

观察与学习

你观察到了吗？在第二部分动作组合的练习中，有了上肢与下肢动作的结合，这样就要求你有一定的观察力、记忆力以及上下肢协调配合的能力。请你与同学们一起观察与学习。特别要注意动作的力度和表现力的发挥，展开你的想象，创造你的学习方法，体验学习健美操的快乐。

我学习！我体验！
我创新！我快乐！

观察与学习

学习与掌握几套组合动作后，可以将所有的组合动作连接起来一次性完成，就成为一套很好的健身健美操了。这样做可以在你动作熟练、运动量适合的情况下，加大你的运动负荷，增加有氧练习的时间，锻炼的效果会更佳，你不妨试一试。

但要提示你，这样的练习一定是在你对每一套组合动作掌握的都比较好得基础上才能进行。或是开始练习时，也可先在老师和同学的帮助和提示下完成，逐渐地过渡到独立完成。

（二）动作组合方法二：8×8拍

● 第一个八拍动作

1、3、5　　2、4　　6　　7　　8

1 跳成两腿开立，同时两臂侧举（手握拳）。
2 跳成还原直立。
3—4 同 1—2 动作。
5 同 1 动作。
6 跳成并立，同时两臂肩侧屈。
7 同 5 动作。
8 跳成还原直立。

● 第二个八拍同第一个八拍动作

● 第三个八拍动作

5　　6　　7　　8

1—4 同第一个八拍的 1—4 动作。
5 跳成分腿开立，同时两臂胸前平屈（五指并拢，掌心向下）。
6 跳成并立，同时左臂前平举，右臂还原。
7 跳成开立，同时左臂侧平举。
8 跳成还原直立。

● 第四个八拍同第三个八拍动作，但方向相反

● 第五个八拍动作

5　　6　　7　　8

1—4 同第一个八拍的 1—4 动作。
5 跳成两腿开立，同时两臂胸前平屈。
6 跳成并立，同时两臂前平举。
7 跳成开立，同时两臂侧平举。
8 跳成还原直立。

● 第六个八拍同第五个八拍动作

● 第七个八拍动作

5　　　　6　　　　7　　　　8

1—4 同第一个八拍的 1—4 动作。
5 跳成开立，同时两臂前平举。
6 跳成并立，同时两臂侧平举。
7 跳成开立，同时左臂上举，头向右转，右臂还原体侧。
8 跳成还原直立。

● 第八个八拍同第七个八拍动作，但方向相反

（三）动作组合方法三：8×8拍

● 第一个八拍动作

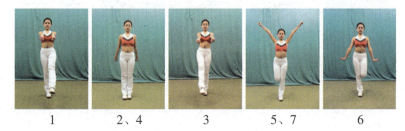

1　　　2、4　　　3　　　5、7　　　6

1 原地跳一次，同时左腿向前弹踢一次，两臂前摆。
2 跳成直立，同时两臂向后摆动。
3—4 同 1—2 动作，但换腿弹跳一次。
5 左腿向前跑跳一次，同时两臂摆至侧上举。
6 换腿后踢一次，同时两臂摆至体侧（伸腕）。
7 同 5 动作。
8 跳成还原直立。

● 第二个八拍同第一个八拍动作

● 第三个八拍动作

1—2　　3　　4　　5　　6　　7　　8

1—2 两腿稍屈膝小跳两次，同时两臂体前立屈（稍含胸低头）。
3 两腿跳成开立，同时两臂侧平举。
4 跳成左腿前、右腿后落地，同时两臂体前交叉。
5 跳成开立，同时向右转体 180 度，两臂侧平举。
6 跳成还原直立（背对前方）。
7 两腿稍屈膝跳一次，同时向左转体 90 度，两臂胸前平屈向外交替绕环。
8 跳成还原直立，同时身体转正。

● 第四个八拍同第三个八拍动作，但方向相反

观察与学习

你已经了解和学习掌握了健美操的身体组合动作。在学习的过程中，你一定有很多的学习经验和体会，同时你身体的协调性和灵活性也有了一定的提高，特别是你的思维能力和创新的欲望一定也在不断地提升。你一定想体验新动作的创新吧？大胆去尝试吧！用你学过的理论知识去指导你的创新实践。创编时，别忘了把你的新作品展示在同学们的面前，以得到同学、老师的指导和评价。你就会取得更大的进步！同时也能让更多的同学一起来体验学习健美操创新的快乐。

告诉你

健美操是一种持续时间较长的有氧运动。因此，你在练习前要做好准备活动哟！

准备活动的目的是为了加快脉搏、提升身体温度，伸展肌肉，使身体从安静状态，逐渐过渡到兴奋运动的状态。任何一种体育项目，在活动时都要进行相关的准备活动，不重视准备活动，不仅没有好的锻炼效果，还会对你的身体造成运动性损伤。

● 第五个八拍动作

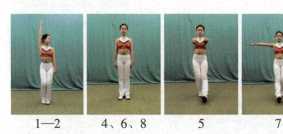

1—2　4、6、8　5　7

1—2 左脚向左并步点地跳一次，同时右臂上举（头左转）。
3 同 1—2 动作，但方向相反，4 拍还原。
5 跳成左腿前伸脚跟着地，同时右腿稍屈膝，两臂摆至前平举（握拳）。
6 跳成还原直立。
7 同 5 动作，但方向相反，两臂摆至侧平举。
8 跳成还原直立。

● 第六个八拍同第五个八拍动作，但方向相反

● 第七个八拍动作

1、3　2、4　5　6　7

1 左脚跳一次，同时右腿屈膝 90 度抬起，左臂前举，右臂体前绕至上举（身体左转 45 度）。
2 跳成还原直立。
3—4 同 1—2 动作。
5 左脚跳一次，同时右腿后踢腿一次，向左转体 90 度，左臂肩前屈，右臂向下摆至斜下举（握拳）。
6 同 5 动作，但方向相反，再向左转体 90 度。
7 同 5 动作，但身体再向左转体 90 度。
8 跳成还原直立，同时身体转正（图略）。

● 第八个八拍同第七个八拍动作，但方向相反

（四）组合动作学习评价表

内容 标准	学习方法	动作表现	音乐节奏
优	学习很努力，有很好的学习方法，能主动帮助同学共同进步，并能进行评价。	有强烈的表现欲望，能表现出自己的风格与特点，有良好的心理素质。	对音乐的接受力很强，动作与音乐能协调地配合，表现出动作与音乐的美。
良	对健美操学习产生了兴趣，并愿意同大家一起学习和掌握，有自己的见解。	有一定的表现力，愿意在同学们面前表现自己，并能鼓动别人一起参与。	有一定的音乐节奏感，能在音乐的伴奏下与动作自如地配合完成。
及格	有参与学习的愿望，但不能自觉地完成任务，缺乏学习方法的研究。	由于性格的原因，使自己不敢表现，没有自信，但在同学们的鼓励下能够完成。	在同学们的帮助提示下，能在音乐的配合中完成组合动作，但不能独立完成。

问一问

你学会了哪套组合动作？你最喜欢的是哪套组合？你能将几组动作连起来做吗？你能改编一些动作吗？你能再创新出新的动作组合吗？

试一试

在你已经掌握了健美操的动作后，有什么打算？你对学习健美操是否产生了兴趣？你还想继续学习健美操的新内容吗？你了解健美操的成套动作吗？你想体验和创新吗？让我们共同去研究和掌握新的内容吧！

观察与学习

同学们！你们已经到了学习健美操基本动作的结束阶段，虽然在书中的基本内容已结束了，但你们还可以从其他方面去学习和查寻有关学习健美操的基本内容，为充实自己和进一步对健美操的学习打下基础。通过健美操基本动作的学习，你有哪些收获？对学习方法的掌握、专业素质的提高、良好心理的培养、合作交流的精神、独立完成的能力等方面有哪些进步？给自己一个综合评价吧！也可以和伙伴们一起进行各自与相互的评价。

续 表

内容 标准	学习方法	动作表现	音乐节奏
不及格	对学健美操没有多大的兴趣,学习方法不当,感到学习吃力。	动作不协调,上下肢无法配合,心理素质差,导致组合动作无法完成。	音乐节奏感差,只能在同学或是教师的提示下做单个动作,无法与音乐配合。

第三节 健美操成套动作

健美操成套动作是在学习和掌握了健美操基本动作和组合动作的基础上发展和创新的。这里介绍的一些幼师健美操系列成套动作,都是根据幼师学生的身心特点及发展的需要创编的,内容十分丰富,有徒手的,轻器械的,还有表演性的等。但是,这些内容还只是提供参考的,主要是想通过学习来拓展学生的思维空间和想象力,给学生提供创新的素材,培养学生的创新能力。具体套路如下。

一、姿态健美操

姿态健美操是根据一年级学生刚进入学校的特点创编的一套具有姿态美和动作美的健美操。姿态健美操的每一个动作和造型都是以健身、培养正确的身体姿态为目标。刚入校的学生长期以来对体育课的锻炼,特别是对健美操的学习知之甚少,缺乏对自身形体锻炼的意识,不了解健美操基本动作的学习与掌握,为此,通过姿态健美操的学习,培养她们的动作美、形体美、行为美及综合美的目的。

（一）第一个组合：8×8拍

● 第一个八拍动作

1—2　　　　3—4　　　　5—6　　　　7　　　　　8

1—2 左脚侧出一步,同时两手背后。
3—4 左脚收回,还原成直立。
5—6 两腿直立起踵,同时两臂前平举。
7 两腿稍屈膝,同时两臂侧平举。
8 还原成直立。

● 第二个八拍动作同第一个八拍动作,但方向相反

● 第三个八拍动作

1—2　　　　3—4　　　　5、7　　　　6　　　　　8

你知道吗？

成套动作
组
成
组合动作
+
组合动作+组合动作
+
组合动作+组合动作+组合动作

告诉你

你将进入健美操成套动作的学习,成套动作会给你带来更多的学习乐趣,同时你也要面临更多的学习难题,你要有思想准备和决心哟!

成套健美操的每一套动作都是根据学生的年龄和职业特点所创编的,每一套动作都有其不同的风格和特点。在学习成套动作的过程中,不仅仅只是学会几套动作,更重要的是要发现套路的特点、规律、方法、作用等,同时还要有意识地培养自己的观察力、记忆力、模仿力以及学习和掌握动作的能力。

在学习中还要培养自己与他人合作的能力及自我评价和相互评价的能力,在研究学习中,培养自己的创新能力。为此,你一定要制定一个学习计划,这样才会有更好的学习结果。

动作提示

在做第一个八拍的1—2动作时，你不能只是左腿侧伸脚尖点地，而是要将身体的重心移至两腿之间，身体要做得像直棍一样才好看，你能做到吗？

做第五个八拍的下蹲动作时，你就要做到提踵并要吸气，下蹲时两膝要外开，并要使身体控制直立才能稳当，你试着体验一下。

做第六个八拍的踢腿动作时，要屈膝抬平，向前是弹踢腿，并要做到绷脚尖，你行吧？

做第八个八拍时，就要有轻松欢快的感觉，但不要忘了上体正确姿态的保持哟！

希望你们能互学、互看、互纠正、互评价、共同提高，掌握动作的学习方法。

1—2 两脚起踵弹动两次，同时两臂胸前平屈。
3—4 再压脚跟弹动两次，同时两臂前平举。
5 两腿稍屈膝，同时两臂侧平举。
6 两腿直立，同时左臂还原，右臂上举（头向左转）。
7 同5动作。
8 还原成直立。

● 第四个八拍动作同第三个八拍动作，但方向相反

● 第五个八拍动作

1—2、7　　3—4　　5—6　　8

1—2 两腿直立起踵，同时两手叉腰。
3—4 两腿稍屈膝下蹲（两膝向外）。
5—6 全蹲（上体保持直立）。
7 同1—2拍动作。
8 还原成直立。

● 第六个八拍动作

1—4 两腿直立压脚跟弹动四次，同时双手叉腰。

1—4　　5、7　　8

5 左腿屈膝抬起90度（绷脚尖）。
6 左腿还原（图略）。
7 同5动作，但方向相反。
8 还原成直立。

● 第七个八拍动作

1 左脚斜前方伸（脚跟着地），同时右腿稍屈膝，两手叉腰。

1　　2　　3　　4

2 左腿左右脚外侧脚尖点地。
3 左腿侧前踢，绷脚尖。
4 还原成直立。
5—8 同1—4动作，但方向相反。

● 第八个八拍动作

　1—2　　　　　3—4　　　　　8

1—2 左脚向侧一步成侧弓步（重心左移），同时两臂经体前交叉绕至肩侧屈（两手握拳，稍内扣）。
3—4 重心向右移动，再成左弓步同时两臂侧推至侧平举屈（屈指掌）。
5—6 同 1—2 动作，但方向相反（图略）。
7 同 3—4 动作，但方向相反（图略）。
8 还原成直立。

（二）第二个组合：4×8 拍

● 第一个八拍动作

　1、3　　　2　　　　4　　　5、7　　　6　　　　8

1—3 左脚向左走三步，同时两臂前后直臂摆动（立掌）。
4 右腿屈膝抬起90度（绷脚尖），同时左臂摆至上举，右臂摆至后举，头向右转。
5—7 左脚后退三步，同时两臂前后摆动。
8 左腿后伸，脚尖点地，同时右腿屈膝成弓步，左臂摆至上举，右臂摆至后举，头向右转。

● 第二个八拍动作

　7　　　　　8　　　　　侧面

1—4 同第一个八拍的 1—4 动作，但向前走。
5—6 同第一个八拍的 5—6 动作。
7 左腿稍屈膝，右腿后伸成小弓步，两臂胸平前屈（左臂下、右臂上）。
8 左腿后伸脚尖点地成弓步，同时两臂经屈肘拉至侧平举。

● 第三个八拍同第一个八拍动作，但向右方做

● 第四个八拍动作

　7　　　　　8

动作提示

左右移动时，两腿不变，脚不动，只是顺着两臂向外推的力量，向左右的移动，别忘了用掌根推哟！

动作提示

做第八个八拍动作时，要保持上体姿态正直的前提下，才能左右地移动，你做到了吗？

你发现没有？第二个组合动作的四面走，要求两臂直摆，同时还要求你抬腿时动作的控制，头向上顶，还要转头，你还能做到最后一拍起踵吗？

同学们要注意，一段动作中的轻重缓急和快慢的结合，以及正确姿态与动作的巧妙运用与造型，同时要控制好动作、姿态与方向的变化，这要靠你的思维力和应变的能力，看谁能做得更准确。

动作提示

做转体动作时，身体还是要保持正确的体态，不能左右的摆动或是放松身体的紧张度。

1—6 同第一个八拍 1—6 动作，但向右做。
7 身体向左转 90 度，同时两手叉腰。
8 右脚并左脚还原成直立。

（三）第三个组合：4×8 拍

● 第一个八拍动作

　　1　　　　　2　　　　　3　　　　　4　　　　5、7　　　　6

1 左脚侧前一步（走"V"字步），同时左臂侧平举。
2 右脚侧前一步，同时右臂侧平举。
3 左脚还原，同时左臂还原。
4 右腿并左腿，同时右臂还原。
5 左腿前伸（脚跟着地），同时右腿稍屈膝，左臂侧平举，右臂胸前平屈（握拳）。
6 左腿后伸脚尖点地，同时右腿稍屈膝成弓步，两臂经下摆至左臂胸前平屈，右臂侧平举。
7 同 5 动作。
8 还原成直立（图略）。

● 第二个八拍同第一个八拍动作，但方向相反

● 第三个八拍动作

　　1　　　　　2　　　　　3　　　　　4

1—2 左脚向左前 45 度方向一步，同时右脚跟并，两手胸前屈交叉摆动两次（五指分开，掌心向内）。
3—4 左脚退后一步，同时右腿并左腿，两臂胸前屈击掌两次。
5—8 同 1—4 动作，但方向相反（图略）。

● 第四个八拍动作

　1—2　　　　3—4　　　　5、7　　　　6　　　　　8

1—2 左脚上前一步，同时右脚跟并搓步一次，两臂体侧旋摆（握拳）。
3—4 同 1—2，但换腿做。
5 左脚跟并稍屈膝，同时顶右髋，两臂侧平举。
6 右腿稍屈膝，同时顶左髋，两臂上举。
7 同 5 动作。
8 还原成直立。

（四）第四个组合：8×8拍

● 第一个八拍动作

1—2　　　　3—4

1—2 跳成左腿直立，同时右腿后举，左臂侧上举，右臂侧下举（眼看左手）。
3—4 跳成直立。
5—8 同 1—4 动作，但方向相反（图略）。

● 第二个八拍动作

1　　　　2

1 同第一个八拍的 1—2 动作。
2 跳成还原直立。
3—4 同 1—2 动作，但方向相反。
5—8 同 1—4 动作。

● 第三个八拍动作

1—2　　　3—4　　　5—6　　　7—8

1—2 跳成开立，同时两臂经前交叉摆至侧平举，掌心向上。
3—4 跳成并立，同时两臂肩侧屈（手触头后）。
5—6 跳成开立，同时两臂伸至侧平举（掌心向下）。
7—8 跳成还原成直立。

● 第四个八拍动作

1、5　　　2、6　　　3、7　　　4、8

1 同第三个八拍 1—2 动作。
2 同第三个八拍 3—4 动作。
3 同第三个八拍 5—6 动作。

动作提示

1. 侧跳动作，身体一定要保持紧张，同时两臂的举要一拍到位。
2. 分腿跳动作，无论拍节的速度如何变化，两臂都必须经前交叉摆动。

以上动作你一定要每天进行多次反复练习哟！

知识窗

有人实验认为,通过健美操的长期锻炼,加上科学的饮食习惯,就能达到强身健美的目的。

健美操的锻炼主要是采用针对性的锻炼内容,特别是一些发胖的学生,想通过健美操的锻炼来进行减肥,那就要选择适合她身体特点的健美操套路来练习。比如:时间较长的套路、采取一些跳跃的套路动作等。但锻炼的方法一定要循序渐进,既不能求快,也不能三天打鱼两天晒网。

结合饮食的方法是控制摄入总能量,最好选择吃含低脂肪、高碳水化合物的食品,如谷类、豆类、大多数水果和蔬菜,这些食品含丰富的营养成分,脂糖指数却很低,可适当多吃一些也不会发胖。

只要你能按照科学的饮食方法和有计划地进行健美锻炼,就能收到好的锻炼效果,达到你预期的目的。赶快行动起来吧!

试一试

请问:你能流畅、准确、自如地完成第六至第八个八拍的动作吗?你是怎样掌握学习这节动作的?你能介绍给大家吗?做这节动作的关键有哪些?怎样思维和记忆呢?

---

4 同第三个八拍 7—8 动作。
5—8 同 1—4 动作。

● 第五个八拍动作

1—2　　　3—4　　　5—6　　　7—8

1—2 原地并腿跳一次,同时两手叉腰。
3—4 跳成开立。
5—6 跳起两脚在空中碰击一次成开立。
7—8 跳成并立。

● 第六个八拍动作

1、5　　　2、6　　　3、7　　　4、8

1 同第五个八拍 1—2 动作。
2 同第五个八拍 3—4 动作。
3 同第五个八拍 5—6 动作。
4 同第五个八拍 7—8 动作。
5—8 同 1—4 动作。

● 第七个八拍同第五个八拍动作

● 第八个八拍同第六个八拍动作

(五) 第五个组合:4×8拍

● 第一个八拍动作

1、3　　　2、4

1—2 左脚侧出一步,同时右脚跟并屈伸一次,两手叉腰。
3—4 同 1—2 动作。
5—8 同 1—4 动作,但方向相反。

● 第二个八拍动作

1、3　　　2　　　4

1—2 同第一个八拍的 1—2 动作，但左臂由侧向上拉至肩侧屈（握拳）。
3 左脚再侧出一步，右脚尖点地，同时左臂伸至侧上举。
4 右脚跟并稍屈膝，同时，左臂还原体侧。
5—8 同 1—4 动作，但方向相反。

● 第三个八拍动作

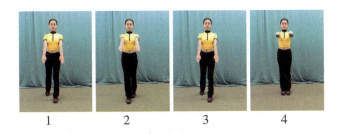

1—4 左脚开始向前走三步，第 4 拍并腿同时两臂缓缓摆至前平举。
5—8 原地踏四步，同时两臂还原。

● 第四个八拍动作

1—4 左脚向后退三步，第 4 步并腿，同时两臂缓缓摆至侧平举。
5—8 原地踏四步，同时两臂还原成直立。

（六）姿态健美操的评价

学完了姿态健美操的全部动作，你能进行自我评价吗？你能给同学一个评价标准吗？现提供几个方面的评价标准，供你们参考。

首先要评价学习的态度、参与的积极性，是否是以满腔的热情投入本套操的学习；

在学习的过程中是否找到了较好的学习和掌握动作的方法，并能与同学们一起探讨与研究；

是否有展示自己的欲望，有很好的表现力，通过学习是否使自己的心理素质得到了很好的提高，是否促进了性格开朗，团结友爱；

通过学习，是否萌发了创新的欲望，敢于修改或创新动作，从而成为班里学习健美操的骨干和榜样。

二、韵律健身操

韵律健身操是在音乐的伴奏下，根据身体各部位的练习配合音乐旋律进行有节奏的、有动律的身体活动。通过韵律健身操的练习，可以培养健美的体态，发展协调性、灵活性、韵律感和表现力，促进身心和谐发展。

（一）预备动作：4×8 拍

● 预备姿势：直立

试 一 试

放松的动作既要有身体的放松，还要做得有弹性，同时也要保持一定的力度感，你能体验到吗？

告 诉 你

两臂向前或是向侧的摆动，都是用肩肘腕手的顺序进行波浪式放松的，同时还带有身体节奏地呼吸。

观察与学习

1. 学习时，首先要了解成套操的结构和特点，然后再一部分一部分地学习，待上一个动作熟练后，再进行下一个动作的学习，逐渐学完整套的动作。

2. 掌握了全部的动作后，选择节奏感强的音乐进行配音练习。配音乐练习时，也要逐步进行，不能求快。

3. 还可以和同学们一起探讨、研究、分析和掌握有些稍难些的动作，探讨学习方法。

健美操教程

问一问

你做过韵律健身操吗？

韵律健身操的风格和特点与你学过的姿态健美操的动作完全不同，但也有相似的地方。在学习中会发现和体验到他们之间的相同和区别。你要认真地思考和学习，在学习健美操原有的基础上提高自己的水平和表现力。

观察与学习

1. 了解韵律健身操的基础知识和动作结构，培养参与意识。
2. 学习韵律动作和基本组合，初步掌握练习和评价的方法，发展协调性和节奏感。
3. 培养健美的体态和良好的心理及表现与创新的能力。

动作提示

托掌的动作一定要挺胸，两臂要肩侧屈，五指要并拢、伸直；上举时肩要夹紧。

试一试

做伸展运动时，你有何感受？是否感到动作伸展、开阔、幅度大、呼吸流畅？

伸展运动是整套动作的开始，也可以说是整套动作的准备，因此，对伸展运动的要求是：动作要做得充分的伸展开，并伴随身体有节奏地呼吸。

请你试试看！能做到吗？

● 第一个八拍动作

1—8

1—8 双脚起落蹬弹动8次。

● 第二个八拍动作

1—2　　　3—4　　　5　　　6　　　7　　　8

1—2 两腿直立，同时两臂侧平举（掌心向下）。
3—4 两臂肩侧屈（托掌）。
5 两臂上举击掌（掌心相触）。
6 两臂胸前平屈（合掌）。
7 同1—2。
8 还原成直立。

● 第三个八拍动作

1—4　　　8

1—4 左脚踏步向左转体90度，同时两臂前后自然屈摆（握拳）。
5—8 同1—4动作。

● 第四个八拍同第三个八拍，但最后一拍还原成直立

（二）第一节 伸展运动：2×8拍

● 第一个八拍动作

1—2　　　3—4　　　5、7　　　6　　　8

1—2 左脚侧出一步，同时两脚起蹬弹动两次，两臂体前交叉摆动两次（五指分开，稍低头）。

24

3—4 双脚起落踵再弹动两次，同时两臂侧平举向外转动两次。
5 两臂上举（掌心向前，稍抬头）。
6 两臂侧平举。
7 同5动作。
8 还原成直立。

● 第二个八拍同第一个八拍动作，但方向相反

（三）第二节 头部运动：4×8拍

● 第一个八拍动作

1—4 左脚开始向前走三步，第4拍并步，同时两臂屈肘（握拳）前后自然摆动。
5 左脚侧出一步，同时两腿稍屈膝下蹲，两手叉腰，头前屈。
6 左脚收回，头还原。
7 同5动作，但出脚方向相反，头后屈。
8 还原成直立。

● 第二个八拍动作

1—4 左脚开始踏步，第4拍并步，同时两臂屈肘（握拳）前后摆动。
5—8 两臂胸前屈小臂交叉（手指触肩），同时头由左向后绕环一周。

● 第三个八拍同第一个八拍动作，但方向相反

● 第四个八拍同第二个八拍动作，但方向相反，最后一拍还原成直立

（四）第三节 肩部运动：4×8拍

● 第一个八拍动作

1 左脚侧出一步，脚尖点地，同时左肩经前向后绕环一周。
2 还原成直立。
3—4 同1—2，但方向相反。

动作提示

做头部运动时，颈部一定要做到放松，同时上体不用前后摆动，做到上体直立，下蹲时两腿要分得大一些。

知识窗

1. 生理节奏：指呼吸的节奏、心率的节奏。在做一套健美操的过程中，呼吸节奏的合理，会给你带来美好的感觉，而心率节奏的好坏，能直接影响你的锻炼效果。

2. 动作节奏：指动作中速度的快慢、动作幅度等。在练习的过程中，掌握好动作的节奏是完成好一套操的基础，没有好的动作节奏就无法完成整套动作。然而，动作速度的快慢、动作幅度的大小、动作的力度的强弱等都与动作的节奏有紧密的关系，它们相互依存。

告诉你

动作力度，是指在做动作的过程中，动作轨迹中需要的、瞬间的制动，它停留的时间不能过长，也不能没有，你要控制好哟！

健美操教程

试一试

肩部运动就能很好地表现出动作的力度，特别是绕的动作，你能体验一下吗？

动作提示

做侧提肩的要求：
1. 身体要保持正直。
2. 肩上提要用力。
3. 臂部要放松。
4. 注意节奏的变化。

知识窗

你了解吗？

时空节奏：是指时间节奏和空间的节奏。一套好的健美操要在规定的时间和空间内准确无误地完成，没有好的时间节奏和空间节奏感是不行的。当你在做健美操的动作时，既要考虑到动作的要求和表现力，同时还要注意和表现出时空的节奏感，这是体现你健美操素质综合能力的表现。

动作提示

体验动作的放松
左右摆头颈部要放松。搓步要稍小些。

5—6同1—2，但直臂向后绕环（掌心向外）。
7—8同5—6，但方向相反。

● 第二个八拍动作

1、3　　　　2、4　　　　5—8　　　　8

1 左脚侧一步，脚尖点地，同时右腿稍屈膝，提右肩，左臂侧下举。
2 右腿收回，同时提左肩。
3—4 同1—2动作。
5—8 两腿稍屈膝，依次起落肩3次，但第8拍时还原成直立。

● 第三、四个八拍同第一、二个八拍动作，但方向相反

（五）调整运动：2×8拍

● 第一个八拍动作

1—2　　　5　　　　6　　　　7　　　　8

1—2 左脚上步，右脚并左脚搓步，同时两臂体侧旋摆（握拳，稍向前顶髋）。
3—4 同1—2动作，但方向相反。
5 左脚并右脚，同时屈左膝顶右髋，两臂胸前屈。
6 屈右膝顶左髋，两臂上举（拳心相对）。
7 同5动作，但两臂侧平举。
8 还原成直立。

● 第二个八拍动作

5、7　　　6、8

1—4 同第一个八拍的1—4动作，但左后转向后错步。
5—8 再左后转180度左脚开始踏步，同时两手左右击掌四次。

（六）第四节 胸部运动：4×8 拍

● 第一个八拍动作

　　　1、3　　　　　2　　　　　4、6　　　　5、7—8

1 左脚向侧一步，同时两臂经胸前摆平屈至侧平举（掌心向前）扩展胸一次。
2 右脚并左脚两腿稍屈膝，同时两臂胸前平屈（掌心向内）稍含胸低头。
3 同 1 动作，但方向相反。
4 左脚并右脚，两臂肩前屈（拳心向内）含胸低头。
5 两臂打开成肩侧屈（拳心向前）同时扩胸一次。
6 同 4 动作。
7—8 同 5—6 动作。

● 第二个八拍动作

　　1　　　　2　　　　5—6　　　7—8　　（四）7

1 左脚前伸，脚跟着地，同时右腿稍屈膝，两臂胸前屈击掌一次（稍含胸）。
2 还原成直立，同时两臂肩侧屈（拳心向前）展胸。
3—4 同 1—2，但方向相反。
5—6 左脚侧伸，脚尖点地，同时右腿稍屈膝，左臂上举（五指分开，掌心向前），右臂肩侧屈（握拳，展胸）。
7—8 左脚收回，同时两臂胸前屈击掌两次。

● 第三、四个八拍同第一、二个八拍动作，方向相反，但第四个八拍的 7—8 拍两前臂重叠绕环一周还原直立 [见图（四）7]

（七）第五节 体侧运动：4×8 拍

● 第一个八拍动作

　1　　　2—3　　　4、6　　　5　　　7　　　8

1 左脚向侧一步，同时两臂侧平举。
2—3 两臂上举头上击掌二次。
4 两臂肩侧上屈（手指触肩）。
5 上体向左侧屈。
6 上体还原。
7 上体再向左侧屈一次，同时左臂侧平举，右臂上举（五指分开，掌心向前，眼看左手）。
8 还原成直立。

动作提示

胸部运动：

做胸部运动，扩振时两臂一定要在胸峰的位置上，进行扩振运动，这样才会有好的锻炼效果，同时扩振的臂不要抬得过高，稍低于肩更好。请你体验。

试一试

要注意胸的含挺动作，多体验 5—6 拍向上的软臂提拉动作。

知识窗

音乐节奏：音乐是健美操的灵魂，没有音乐伴随的健美操是不完美的。而音乐的节奏则是完成一套健美操的基础，它能体现完美健美操的所在。

创新是健美操的生命力，健美操的内容丰富多彩，深受学生的喜爱。但是，任何事物都在不断地发展、变化和进步，没有发展和进步就将走向灭亡，特别是健美操运动，不但要保留徒手的内容，还要向轻器械、运动器械方向发展。这也是健美操长盛不衰的显著特点之一。

● 第二个八拍同第一个八拍动作，但方向相反

● 第三个八拍动作

1—2、5—6　　　3—4　　　7—8

1—2 左脚向侧一步稍屈膝，同时右脚尖点地，左手叉腰，右臂经体前外摆小臂内旋至胸前屈（五指分开，掌心向后），上体向右侧屈一次（眼看右手）。
3—4 重心移至右腿，同时上体向左侧屈，右臂经下、侧摆至上举（掌心向前）。
5—6 同 1—2 动作。
7—8 还原成直立。

● 第四个八拍同第三个八拍动作，但方向相反

（八）第六节 体转运动：4×8拍

● 第一个八拍动作

1　　2　　3　　4　　5—6　　7—8

1 左脚向侧一步，同时左臂胸前屈（手指触右肩）。
2 右臂胸前屈（手触左肩）。
3 上体左转，同时两腿稍屈膝下蹲，两臂经下摆至侧平举（眼看左手）。
4 两腿直立，同时上体转正两臂上举。
5—6 向右转体90度，同时两腿稍屈膝，两臂肩侧屈。
7—8 左脚收回，还原成直立。

● 第二个八拍动作

1、3　　2、4　　5　　6

1 左脚向侧一步，同时两腿稍屈膝半蹲，上体左转90度，左手叉腰，右臂肩侧屈手扶头后。
2 右脚并左脚，同时上体转正。
3—4 同 1—2 动作。
5 右脚向左前上一步，同时右臂经前摆至上举。
6 左脚并右脚，同时两腿稍屈膝，左臂经下摆至上举击掌（左手背击右手）。
7—8 向前后顶髋一次（图略）。

● 第三、四个八拍同第一、二个八拍动作，但方向相反

动作提示

体转运动腿分大；
转动上体要挺直；
上举臂部稍有弯；
两腿屈膝再顶髋。

（九）过渡节：4×8拍

● 第一个八拍动作

1—2　　　　5—6

1—2 左脚向侧一步，右脚并左脚搓步，同时左臂内旋摆，右臂外旋摆（握拳，稍顶左髋）。

3—4 同1—2动作，但方向相反。
5—6 同1—2动作，但左脚向前搓步一次。
7—8 同5—6动作，但换右脚做。

● 第二个八拍动作

1—2　　3—4　　5、7　　6　　8

1—2 同第一个八拍的5—6动作，但左后转180度。

3—4 同1—2动作，但换右脚做。
5 再向左转体180度，左脚并右脚，同时左腿稍屈膝，两臂侧平举（掌心向下）。
6 顶右膝，同时两臂上举（掌心相对）。
7 同5动作。
8 还原成直立。

● 第三个八拍同第一个八拍动作，但方向相反

● 第四个八拍动作

1—2　　5　　6　　7　　8

1—2 同第一个八拍5—6动作，但右后转180度出右脚。
3—4 同1—2动作。
5—6 右脚开始向前走两步，同时两臂前后摆动（立掌）。
7 再右后转180度，右脚止步。
8 左脚并右脚，跳成还原直立。

知识窗

健美操的要素有哪些？健美操主要由动作、音乐和表现这三个要素组成。

动作：主要是根据目标而创编整套动作，整套动作要科学，符合人体的基本活动及生理解剖学的原理。

音乐：它是整套健美操不可缺少的部分，有人说它是健美操的灵魂，因此要选择适合所创编健美操的节奏、速度以及风格和特点的音乐。要突出音乐与动作的融合和统一，使动作与音乐融为一体，才能称得上是一套完美的健美操。

表现：它是表现一套健美操身体动作与内涵的关键。一套健美操在音乐的配合下，通过身体的动作来表现出健与美的效果，这种表现是心理和身体两者的综合反应，也是表现人的精神面貌、气质、风格等优雅品格的体现。

试一试

前后转体要顶髋；
两臂侧摆要内旋；
转动留住表情在；
做出潇洒的风采。

告诉你

记忆法：

尽快地学会和掌握健美操动作常见的方法有念动法、观察与模仿法、简图强化法。

这些方法就是让我们有意识系统地在心里反复呈现已学过的动作表象，以加深印象和记忆。在练习中通过个人和小组的相互练习观察、交流、分析、研究等学习过程，巩固和确定正确动作的动力定型。同时还可以运用简图的形式，让同学逐渐地用简图表示出来。让他们对动作的名称、顺序、做法等一一地模仿，强化他们对整套动作的记忆和掌握，这也是作为一名幼儿教师应具备的专业素质和能力。

试一试

1—4动作好似西班牙的"斗牛舞"，你体验左肩向前、肘与髋也向着一个方向，顶髋的动作不用太大，但一定要用力哟！

5—8小跳的动作，可以稍轻松地做。

试一试

这一组跳跃运动，是很好地培养你跳跃能力、反应能力、协调能力的练习。它的动作变化快，特别是手臂的小动作变化多，这要靠你多次反复地体验后才能掌握。

（十）第七节 全身运动：4×8拍

● 第一个八拍动作

　　1　　　　　5

1 左脚侧出一步，同时右腿稍屈膝向左顶髋，两臂经侧摆至左臂侧平举，右臂肩上屈（五指分开，掌心向前眼看左手）。
2 同1动作，但方向相反。
3—4 同1—2动作。
5 同1动作，但两臂经前摆至体侧下举（五指分开，掌心向前），右臂体侧屈（掌心向后，眼看左手）。
6 同5动作，但方向相反。
7—8 同5—6动作。

● 第二个八拍动作

　　1—4　　　　5—8

1—4 左脚向侧一步，同时向左顶髋四次，左手叉腰，右手肩侧屈（手扶头后）。
5—8 收左腿，同时并腿跳四次。

● 第三、四个八拍同第一、二个八拍动作，但方向相反

（十一）第八节 跑跳运动：8×8拍

● 第一个八拍动作

　1—2　　　5　　　6、8　　　7

1—2 左脚向前一步跳，右腿屈膝后踢，同时左臂经前向外翻手至脸前屈（五指分开，掌心向前）。
3—4 同1—2动作，但方向相反。
5 同1动作，但两臂体前摆至脸前屈外翻手。
6 跳成直立。
7 跳成开立，同时两臂侧平举。
8 同6动作。

● 第二个八拍动作

1—2　　　　3—4

1—2 左脚向左侧跳一次，右腿后屈，身体稍向左倾，同时两臂胸前平屈，小臂重叠，依次向前绕环（拳心向下）。
3—4 并腿跳两次，同时两臂胸前击掌两次。
5—8 同 1—4 动作，但方向相反（图略）。

● 第三个八拍动作

1—2　　　　5—8

1—2 左脚向侧跳一步，同时右腿稍屈膝，两臂体侧稍屈，小臂向前绕环（握拳）。
3—4 同 1—2 动作，但方向相反。
5—8 向左转360度，同时后踢腿跳四次，两臂自然摆动。

● 第四个八拍动作

1　　2　　3　　4　　5　　6　　7

1 跳成开立，同时左臂肩侧屈（托掌）。
2 跳成并立。
3 跳成开立，同时右臂肩侧屈（托掌）。
4 跳成并立。
5 跳成开立，同时两臂上举（合掌）。
6 跳成开立，同时两臂胸前平屈（合掌）。
7 跳成开立，同时两臂向外推至侧平举。
8 跳成直立还原（图略）。

● 第五、六、七、八个八拍同第一、二、三、四个八拍动作，但方向相反

知识窗

手势提示法：
　　手势是代表身体语言进行教学的方法。在健美操的教学中，要科学、合理、准确地运用手势直观、简单、明了地指挥。启发、引导学生学会和掌握动作，保证学生能将整套动作连贯、完整地完成。
　　但要注意以下几点：
1. 对动作了如指掌，手势提示要果断、准确。
2. 手势提示的时间要恰当，能及时帮助提示下一个动作的开始。
3. 根据学习情况，要提前发出手势信号，及时引起学生的注意，为完成下一个动作做好准备。

健美操教程

告诉你

无论完成什么样的体育运动，最后，都要进行身体的放松活动，特别是健美操运动后也是如此。

放松的形式是多种多样的，可以自己放松，还可以进行两人的相互放松；时间紧张时也可以在教室内进行放松。

放松的方法：一是身体各部位的放松；二是要根据自己的身体情况进行身体局部的放松。

放松活动是我们运动后不可忽视的重要部分，同学们千万不要放弃哟！

知识窗

讲解示范法：

这是健美操教学中的一般方法。为了提高学习效果，教师一般先要进行一次完整的示范动作，然后再将本课要进行的内容进行分段详细的讲解和示范，最后教师边示范边进行逐个动作的教学，同时根据学生的具体情况进行个别学生地讲解和示范。

讲解示范的形式也有很多，在学习健美操的过程中请大家慢慢体验吧！

（十二）第九节 整理运动：2×8拍

● 第一个八拍动作

1　2　3　4

1 左脚向侧一步，同时屈伸一次，左臂胸前屈（手指触右肩）。
2 右脚并左脚（稍屈膝）。
3 左脚侧出一步屈伸一次，同时左臂侧上举。
4 右脚并左脚还原成直立（稍屈膝）。
5—8 同1—4动作，但方向相反。

● 第二个八拍同第一个八拍动作

（十三）结束动作：2×8拍

● 第一个八拍动作

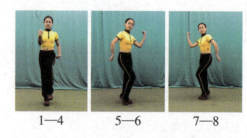

1—4　5—6　7—8

1—4 左脚开始原地踏步，同时两臂前后自然摆动。
5—6 左脚向前一步，同时右脚并左脚，稍屈膝，上体稍向左转，左臂外旋，右臂内旋体侧屈摆动（握拳）。
7—8 右脚后退一步动作同5—6动作，但方向相反。

● 第二个八拍动作

1—2　3—4　5　6—7　8

1—2 两脚并立，两臂侧平举（掌心向下）。
3—4 两臂肩侧屈（托掌）。
5—7 两臂经上向内绕环至侧上举（掌心向外）。
8 收回成直立。

请你进行自我评价！

（十四）学习和锻炼效果自我评价

等级 项目	完成动作情况	
	合　格	不合格
力　度	动作刚劲有力　（　）　［　］	动作松懈、随意　（　）　［　］
幅　度	动作舒展、流畅　（　）　［　］	动作僵硬、路线短（　）　［　］
姿　态	准确、优美　（　）　［　］	不到位、不优美　（　）　［　］
节奏感	与音乐协调　（　）　［　］	与音乐不协调　（　）　［　］
表现力	有活力、有朝气、有感染力　（　）　［　］	表情平淡、不自然，缺乏表现力　（　）　［　］

想一想：

学完韵律健身操后，你能进行自我评价吗？请你试一试，评价好的在（　）中划"√"；还可以与同学沟通交流一起谈体会、找不足，互相评价，并在［　］中划"√"。

学习提示：

1. 学习前可先自己看书，模仿每一节动作，同时将较难的动作做好记号；
2. 找同学一起研究不会的动作，学习时要边学边实践，也就是说多做动作练习，反复体会，达到熟练为止；
3. 学习中不能与同学解决的问题，可以请教老师，求得他们的帮助；
4. 待整套的动作都熟练后，再选择有节奏感强的音乐配合练习，但选择的音乐速度不能太快；
5. 动作掌握后，可以大胆地在同学们面前进行展示，请同学观看和评价，还可以用几个人的形式在学校的集会上表演。

易犯错误：

1. 动作不熟练，顾上顾不了下，造成动作的混乱；
2. 平时练习次数少，上课时跟不上大家的学习进度；
3. 学习方法不得当，思维方式不科学，学习效果不好；
4. 自身素质比较差，学习动作也比较吃力；
5. 心理素质差，不敢大胆地学习和展示动作；
6. 不愿意同大家一起学习和体验，所以自己也不能掌握。

三、室内健身操

室内健美操是在教室内固定的位置上的一种有动感、特殊的身体练习。通过各部位的练习，达到活动关节、调节大脑、解除疲劳、塑造优美的坐、立姿态从而养成良好的行为习惯。

告诉你

有效的学习方法
1. 虚心向别人学习。
2. 大胆体验与课后反复练习。
3. 掌握科学的学习方法，即：先学上肢动作，反复练习，待动作熟练后，再学下一个动作，不能求快。
4. 要有自信心，要敢于表现自己。
5. 将全部动作都掌握后，再进行配音乐的练习，最后做到自愿在同学们面前展示自己。

告诉你

练习前的提示：

桌、椅间的距离约30厘米，但要根据自己的身高来调整合适的距离！

室内健身操不仅可以在教室练习，还可以在家里进行，同时还能邀请你的爸爸和妈妈一起来体验做室内健身操的乐趣。

动作提示

在做室内健身操时，做在凳子上的姿态一定要保持上体的直立哟！

学习目标：

1. 明确学习室内健身操的目的和意义，了解室内健美操的结构和动作特点以及锻炼的方法。
2. 掌握坐、立动作的结合，学会和掌握动作的方法及评价。
3. 体验在生活中相互交流合作的快乐，培养正确的身体姿态，养成良好的锻炼习惯。

（一）第一节 伸展运动：4×8拍

- 预备姿势：坐姿，两手平放桌面上
- 第一个八拍动作

预备　　1—2　　3—4　　5　　6　　7　　8

1—2 两手拍击桌面两次。
3—4 两手胸前击掌两次。
5 两臂胸前屈交叉（手指尖触肩）。
6 两臂上举（掌心相对）。
7 两臂胸前立屈。
8 同预备动作。

- 第二个八拍动作。

1—2　　3—4　　5　　6　　7　　8

1—2 两臂胸前屈（握拳），肘触击桌面两次。
3—4 胸前交叉摆动两次（分指掌，心向内）。
5 两臂胸前立屈（拳心向内）。
6 两臂前平举（拳心向下）。
7 两臂胸前平屈。
8 成预备姿势。

- 第三、四个八拍同第一、二个八拍的动作

（二）第二节 头部运动：4×8拍

- 第一个八拍动作

1—2　　3　　4、6　　5　　7　　8

1—2 头向前屈两次。
3 头向后屈一次。
4 头还原。
5 头向左侧屈一次。
6 头还原。
7 头向右侧屈一次。
8 头还原。

动作提示

做头部动作的速度要稍放慢，注意颈部的放松，但上体要保持正直的姿态。

- 第二个八拍动作

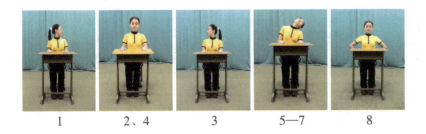

1　2、4　3　5—7　8

1 头向左转90度。
2 头还原。
3 头向右转90度。
4 头还原。
5—7 头由右向后绕环一周。
8 头还原，同时两手叉腰。

试一试

在完成4×8拍的动作后，你能否改变方向做吗？大家议一议、体验一下可以吗？看谁做得更好！

- 第三个八拍动作

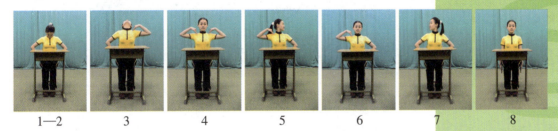

1—2　3　4　5　6　7　8

1—2 头向前屈两次，同时两手叉腰。
3 头向后屈，同时左臂肩侧屈（手指触肩）。
4 头还原，同时右臂肩侧屈。
5 头向左转90度，同时左手叉腰。
6 头还原。
7 头向右转90度，同时双手叉腰。
8 还原成预备姿势。

- 第四个八拍同第三个八拍动作，但方向相反

（三）第三节 肩部运动：4×8拍

- 第一个八拍动作

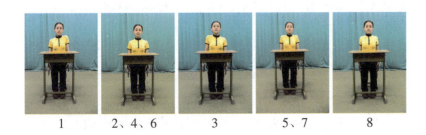

1　2、4、6　3　5、7　8

1 左肩上提。
2 左肩还原。

3 右肩上提。
4 右肩还原。
5 两肩上提。
6 两肩还原。
7—8 同 5—6 动作。

● 第二个八拍动作

1—2　　　3　　　4　　　5、7　　　6　　　8

1—2 双肩向后绕肩一次。
3—4 向前绕肩一次，第 4 拍时手叉腰。
5—8 前后搓肩四次第 8 拍还原。

（四）第四节 胸部运动：4×8 拍

● 第一个八拍动作

1—2　　　3—4　　　5—6　　　7—8

1—2 两臂胸前平屈（两手交叉，掌心向内）。
3—4 两臂前伸，同时上体前倾（两手外翻，掌心向前）。
5—6 两臂上举，同时上体直立，后振一次。
7—8 还原成 1—2 动作。

● 第二个八拍动作

1—2　　　3　　　4　　　5、7　　　6　　　8

1—2 两臂胸前平屈，同时左臂上、右臂下（左腕屈，右腕伸）。
3 同 1—2 动作，但方向相反。
4 两臂胸前立屈（握拳，稍含胸低头）。
5 两腿直立，同时两臂打开至肩侧屈。
6 两臂胸前立屈，同时含胸低头。
7 同 5 动作。
8 还原成预备姿势。

● 第三、四个八拍同第一、二个八拍动作，但方向相反

试一试

错肩的动作，就是操化后的藏族舞蹈的动肩，你感受到了吗？

知识窗

健美操音乐激情教学法：

在健美操的教学中适当地运用不同节奏、优美动听的音乐进行教学，就能激发起学生练习的激情，收到好的教学效果，教师边与同学听音乐、边教学生做动作边引导学生欣赏音乐，了解音乐的风格、掌握音乐的速度和节拍，了解音乐的特点，丰富对音乐的感受力。在音乐的感染下，使学生能用优美的动作、充满活力地表现出各自的风格和特点，激发学生学习健美操的热情。

（五）第五节 体侧运动：4×8拍

● 第一个八拍动作

1—2　　　3　　　4　　　5　　　6、8　　　7

1—2 拍击桌面两次。
3 两腿直立，同时胸前击掌。
4 左脚侧出一步，同时两手背后。
5 上体向左侧屈。
6 上体还原。
7—8 同 5—6 动作，方向相反。

● 第二个八拍动作

1—2　　　3—4　　　5—6　　　7　　　8

1—2 上体向左转90度，同时两手扶头后。
3—4 同 1—2 动作，但向右转180度。
5—6 两臂胸前平屈，同时两臂重叠，向前绕环两周。
7 左腿收回还原成直立，同时两手放于桌面上。
8 成预备姿势。

● 第三、四个八拍同第一、二个八拍动作，但方向相反。

（六）第六节 腿部运动：4×8拍

● 第一个八拍动作

1　　　2、4、6　　　3　　　5　　　7、8　　　哒

1 左腿屈膝抬起，同时左手拍腿。
2 左腿还原，同时左手拍击桌面。
3—4 同 1—2 动作，但方向相反。
5 两腿前伸（绷脚尖）。
6 两腿还原。
7 两腿抬起成开立。
哒 两腿屈膝抬起成并立。
8 同 7 动作。

你知道吗？

桌椅距离适当，是完成室内健身操的保证。如果不当，做起来磕磕绊绊，很不舒服。因此练习前，首先要调整好你桌椅之间的距离。请你别忘了！

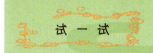

如何才能使你的腿伸得更直？在做腿部运动时，你的身体是如何控制的？请你体验与交流。

健美操教程

知识窗

健美操串联教学法：

它是将整套动作分成几个小段为一串动作。教学时先教第一串动作，待掌握后再教第二串动作，然后把一至二串动作连起来再反复地练习，巩固之后，这样再将第四、五、六串动作都一一地进行教学与串连，直到最后一串动作的完成。它是一种很好的健美操的教学方法，非常适合幼师的学生学习和掌握。这种方法也可以在幼儿园的教育活动中运用。

● 第二个八拍动作

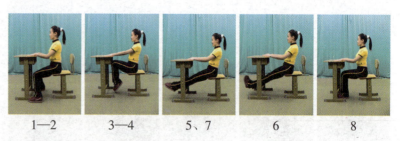

1—2　　3—4　　5、7　　6　　8

1—2 两膝相击两次，成并膝。
3—4 两腿并腿提膝（脚尖点地）。
5 双腿悬伸（绷脚尖）。
6 勾脚尖。
7 同 5 动作。
8 还原成预备姿势。

● 第三个八拍动作

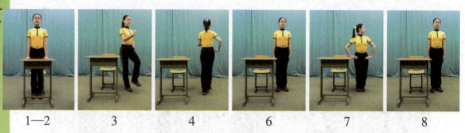

1—2　　3　　4　　6　　7　　8

1—2 两腿直立。
3—6 左脚开始向左后转踏 360 度成直立。
7 两腿稍屈膝下蹲，同时两手叉腰（头左转）。
8 还原成直立。

● 第四个八拍动作

1　　2、4　　3　　5　　6　　7　　8

1 左腿前伸脚跟着地，右腿稍屈膝，同时两臂肩侧屈，扩胸一次。
2 左腿收回成直立，同时两臂胸前击掌。
3—4 同 1—2 动作，但方向相反。
5 左脚侧前一步（走"V"字步），同时两臂胸前平屈向前绕环。
6 右脚侧前一步（走"V"字步），再绕环。
7 左脚还原，同时两臂胸前击掌。
8 还原成直立。

（七）第七节 跳跃运动：4×8 拍

● 第一个八拍动作

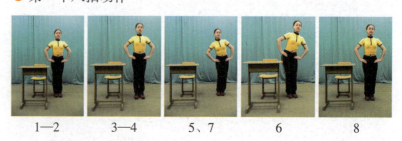

1—2　　3—4　　5、7　　6　　8

动作提示

做向前后左右小跳时，步幅要稍小一些，要注意安全，但上体的姿态要正直，同时如带有轻松愉快的表情会更好！

1—2 两脚向前小跳一步,同时稍屈膝弹动一次,两手叉腰。
3—4 同1—2动作,但方向相反。
5 两脚向左小跳一步,同时上体向右稍侧屈。
6 同5动作,但方向相反。
7 同5动作。
8 跳成还原直立。

● 第二个八拍动作

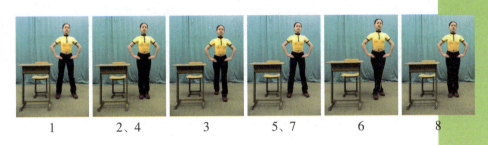

1 跳成开立,同时两手叉腰。
2 跳成并立。
3 跳成左脚前、右脚后开立。
4 同2动作。
5 同1动作。
6 跳成左脚前、右脚后交叉落地。
7 同5动作。
8 跳成并立。

● 第三个八拍动作

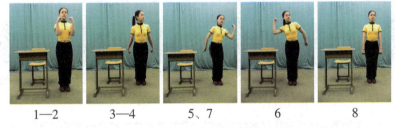

1—2 两脚向前小跳一步稍屈膝,同时两臂向前摆动至体前屈(握拳)。
3—4 同1—2动作,但方向相反,同时两臂自然向后摆动。
5 向左小跳一步,同时左臂肩侧屈(外旋),右臂体侧屈(内旋)。
6 同5动作,但方向相反。
7 同5动作。
8 跳成还原直立。

● 第四个八拍动作

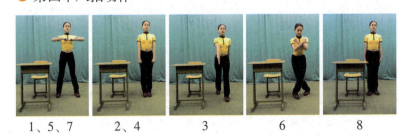

1 跳成开立,同时两臂摆至胸前平屈(握拳)。
2 跳成直立。
3 跳成前后开立(左脚前),同时左臂前右臂后摆动(立掌)。
4 跳成直立。
5 同1动作。
6 跳成左脚前右脚后交叉稍屈膝落地,同时两臂胸前交叉立屈(拳心向里)。

动作提示

由于距离的限制,因此,跳动的幅度不宜过大,只要向上跳动就可以了。

7 同1动作。
8 跳成还原直立。

（八）第八节 调整运动：4×8拍

● 第一个八拍动作

1　　2　　3　　4　　5　　6　　7　　8

试一试

请你试一试顶右髋动作协调吗？

1—2 左脚向前一步，同时右脚并左脚顶右髋，两手拍髋部两次。
3 屈左膝稍顶右髋，同时两臂胸前屈击掌一次。
4 右腿屈膝稍顶左髋，再击掌一次。
5 左脚踏一步，同时左手拍击左腿一次。
6 同5动作，但方向相反。
7—8 踏步两次，同时两臂胸前交叉，手拍击大臂两次。

● 第二个八拍同第一个八拍动作，但方向相反

● 第三个八拍动作

1、3　　2　　4　　5　　6　　7　　8

试一试

向左转体360度要原地做，幅度要小。

1—2 左脚侧出一步，同时右腿并左腿，两腿稍屈膝，两臂胸侧屈，击掌一次（稍向左转体）。
3—4 同1—2动作，方向相反。
5—8 左脚开始向左转体360度踏步，同时两臂屈肘前后自然摆动，第8拍还原直立。

● 第四个八拍动作

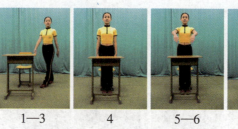  

1—3　　4　　5—6　　7　　8

试一试

室内健美操已经学完了，你有什么感受吗？通过学习对你文化课的学习有何帮助？对你的智能有何作用？对你学习的精力有何改变？对你一日的生活有何启发？对你的身心有没有满足？你学到了什么？你喜欢这套室内健美操吗？你是否愿意长期地坚持练习？你对自己是如何评价的？你掌握了哪些学习方法？请你参加体验、感受和评价。

1—4 左脚开始走回座位前，第4拍成直立。
5—6 两臂向前缓缓摆至前平举。
7 两臂向下摆动，双手扶桌面。
8 还原成坐姿，结束。

（九）学习室内健美操评价标准

内容\标准	学习态度	动作掌握	综合能力
优	通过学习，表现出极大的热情，能自觉、认真、长期地坚持练习，并能带动全班的同学一起做，是班里的骨干力量，深受大家欢迎。	通过练习，整套动作完成准确、流畅，并能在音乐的伴奏下顺利地完成整套动作，有一套好的学习方法，还能自找音乐练习。	通过练习，不仅能表现出自己动作的优美，而且还能对同学的动作进行指导、纠正与帮助，综合能力很强。
良	通过学习，对室内健美操有了好的学习态度，能与同学们一起学习，并能主动提一些问题，进行研究与讨论。	通过练习，肯动脑筋，善于思考，能独立地完成成套动作，有较好的音乐节奏感，并能提示同学一起做。	通过练习，能与同学合作并能主动地帮助他人，配合小组完成成套动作，有一定的表现力。
一般	通过学习，有一定的学习愿望，但个人的身体能力较弱，学习的主动性、积极性还不够，表现出还是一种被动的学习态度。	通过练习，身体素质提高得不明显，主要是学习方法较差，只能在同学的帮助和提示下，完成动作的顺序，不敢独立表现自己。	通过练习，在原有的基础上有了一定的进步，但心理素质、表现能力、组织和帮助等综合能力还比较差。
差	通过学习，对学习的兴趣不够高，主要是学习的目的不明确，学不学都行，是一种被动的学习态度。	通过练习，动作掌握很难，特别是成套动作的连贯性练习，不能独立地完成，必须有同学的帮助和提示。	通过练习，只能跟着同学做动作，不能与音乐配合练习，表现出综合能力很弱。

评价提示：

这里的评价标准的内容仅供大家参考，并非规定的标准内容，在评价的过程中，同学们可以根据自己的实际情况，先进行个人的自我评价，再以小组的形式进行合作评价，最后请老师给自己的学习做出相对科学、实际、合理的评价。通过评价使自己了解学习的过程和结果，进步了多少、还存在哪些问题、今后需要如何改进等，明确今后的学习目标与方向。

四、健身球操

健身球操是让学生手持着两个有手柄、皮筋连接的健身球。通过一套有序的动作，特别是对学生背部穴位的敲击，不仅使背部的血液循环畅通，解除一天学习的疲劳，还能调节生活气氛。同时，还有利于改善和矫正学生不良的身体姿态，培养正确的形体，提高小肌肉群的力量，从而发展协调性、灵活性、反应能力和应变的能力以及手持轻器械做动作的能力，并有利于开发智力，萌发创新欲望，养成良好的锻炼习惯，为今后的学习和生活奠定良好的基础。

健身球操共由三个部分、四十多个八拍的动作组成，并带有一些调整动作的伴随。整套动作突出了学生背部的敲击动作，并带有一些上下肢动作的结合以及方向的变化和移动等。在学习的过程中，同学们还可以自愿地组成小组的形式，相互的观察、研究、分析、讨论及评价，以利于掌握正确的学习方法、创造出新队形的变化及新的作品，从而更多地体验学习的快乐。下面就将这套操做一详细的介绍。

告诉你

你学过健身球操吗？也许你曾经尝试过，但我们将要学的这种健身球操将利用一种新型的健身球，它是两个用橡胶材料制成的软式小球，连接有一根松紧绳，并带有一个手把柄，让练习者手持把柄通过松紧带的弹性将球挥至身体的各部位进行操练的运动。这套健身球操的趣味性很强，动作变化多，有一定的难度哟！

健美操教程

试一试

通过了几套健美操的学习，你的能力一定有了很大的提高。在这套健身球操的学习中，我们有意识地给你们创设了一个空间和机会，让你们通过看书、体验、分析、讨论、合作等形式的学习，将你体验的动作用简化人(单线人)的形式展示出来，并画在小方块内，你能做到吗？试一试，考考你的学习的基本能力，这会对你将来要从事的幼儿教育工作很有帮助！

告诉你

学习前的准备：先要熟悉球的性能，多做一些球与身体的基本动作，如：绕球、摆球、球与身体各部位的敲打等基本动作，这是学好健身球操的基础。

预备姿势：直立，将皮筋绕至两手上握住球根。

（一）第一部分动作：8×8拍

● 第一个八拍动作

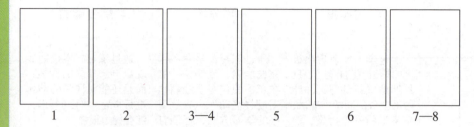

1 两腿直立起踵，同时两手持球前平举压腕（球花向上）。
2 两腿还原，同时两手提腕（球花向下）。
3—4 同 1—2 动作。
5 两腿直立起踵，同时两臂摆至侧平举压腕（球花向上）。
6 两腿还原，同时两手提腕（球花向下）。
7—8 同 5—6 动作。

● 第二个八拍动作

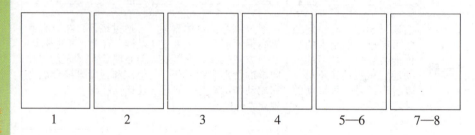

1 两腿直立压脚跟弹动一次，同时左手击右肩。
2 脚跟弹动一次，同时右手击左肩一次。
3 压脚跟弹动一次，同时右手击右髋一次。
4 压脚跟弹动一次，同时左手击左髋一次。
5—6 两腿稍屈膝，同时两手体后击球两次。
7—8 还原成直立。

● 第三、四个八拍同第一、二个八拍动作

● 第五个八拍动作

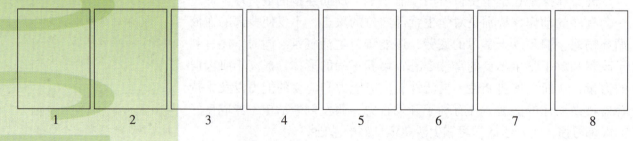

1 左腿侧伸脚尖点地，同时左臂侧绕环（将球甩开）。
2 还原成直立。
3 同 1 动作，但方向相反。
4 同 2 动作。
5 左脚踏一步，同时两臂肩前屈双击背部一次。
6 右脚踏一步，同时两臂体侧屈双击背部一次。
7 同 5 动作。
8 还原成直立。

● 第六个八拍动作

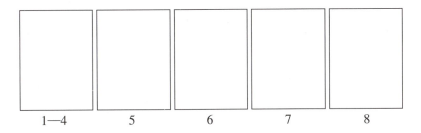

1—4 同第五个八拍的 1—4 动作。
5 两腿稍屈膝，同时两臂肩前屈双击背部一次。
6 两臂侧屈双击背部一次。
7 同 5 动作。
8 还原成直立。

● 第七、八个八拍同第五、六个八拍动作

（二）第二部分动作：20×8 拍

● 第一个八拍动作

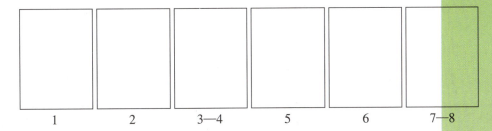

1 两腿直立压脚跟弹动一次，同时左手击右背一次，右臂至体侧。
2 压脚跟弹动一次，同时左手击左背一次。
3—4 同 1—2 动作。
5 压脚跟弹动一次，同时左手击左臀一次。
6 压脚跟弹动一次，同时左手击右臀一次。
7—8 同 1—2 动作。

● 第二个八拍动作

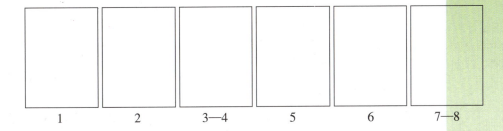

1 左脚踏一步，同时左手击右背一次。
2 右脚踏一步，同时左手击左背一次。
3—4 同 1—2 动作。
5 左脚踏一步，同时左手击右臀一次。
6 右脚踏一步，同时左手击左臀一次。
7—8 同 1—2 动作。

告诉你

早在古时候，人们就有了画出舞蹈动作的需要。近些年来先后出现了"顶违法舞普"、"新舞谱记法"、"人体速记法"、"人体动作速画法"、"如何画草图"等多种人体动作的记忆法。而我们所画的是一种单线条的简笔画，你愿意来尝试吗！

动作提示

1—2 拍都是左手击打动作，右臂要放松，3—4 拍是 1—2 拍的反动作，你要掌握好记忆的方法哟！

动作提示

注意压脚跟的弹性，同时要控制好球击髋部的位置要准确。

健美操教程

动作提示

双手持球动作有一定的难度，特别是左手的运用。不过你只要多练就一定能掌握。同时还能开发你全脑的思维力，特别是对你右脑的开发有一定的帮助。但要提示你的是：练习时先学习徒手动作，待熟悉后，再持球练习；用球绳的长短要根据身体的具体情况来定，绳子的长短要合理，这样才能得到良好的锻炼效果。

- 第三、四个八拍同第一、二个八拍的动作，但方向相反

- 第五个八拍动作

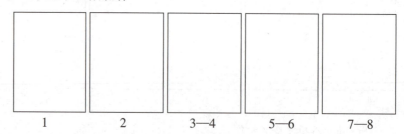

1 左脚踏一步，同时两手胸前交叉双击背部一次。
2 右脚踏一步，同时两臂体侧屈双击背部一次。
3—4 同 1—2 动作。
5—6 两腿经稍屈膝直立、起踵、落踵，同时两臂经下体前交叉、向上绕至头上交叉、向外摆至体侧还原。
7—8 同 5—6 动作，8拍时还原成直立。

- 第六个八拍同第五个八拍的动作

- 第七个八拍动作

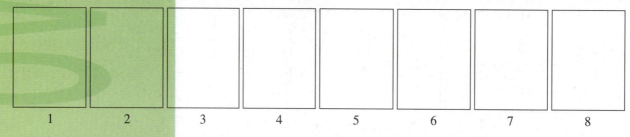

1 左腿前伸脚跟着地，右腿稍屈膝，同时左手体侧屈击左背一次，右臂肩侧屈击右背一次。
2 两腿还原直立，同时左臂肩侧屈击左背一次，右臂体侧屈击右背一次。
3 左腿稍屈膝，右腿前伸脚跟着地，同时上体同1拍的上肢动作。
4 同2动作。
5 左脚踏一步向左转体90度，同时两臂胸前交叉双击背部一次。
6 右脚踏一步，同时两臂打开体侧屈双击腰部一次。
7 左脚踏一步，同时两臂体前交叉双击臀部一次。
8 还原成直立。

试一试

在击球和双手击打身体的各部位时，两臂与身体的距离要适当、合理，用力要均匀，请你体验。

- 第八、九、十个八拍同第七个八拍的动作，重复做第一至第十个八拍动作

（三）第三部分动作：14×8拍

- 第一个八拍动作

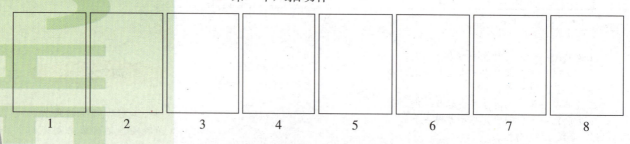

1 左脚向前后踢腿跑，同时两臂肩前屈双击背部。
2 右脚向前后踢腿跑，同时两臂体侧屈双击背部。

3 同1动作。
4 跳成并立，同时两臂体侧屈双击背部一次。
5 跳成分腿屈膝下蹲，同时两臂向前摆至前平举。
6 跳成并立，同时两臂体侧屈双击背部一次。
7 跳成开立，同时两臂体前交叉双击臀部一次。
8 跳成还原直立。

● 第二个八拍动作

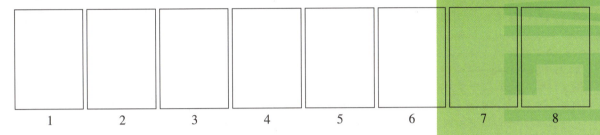

1 跳起成左腿屈膝90度抬起，右腿直立，同时两手持球至腰间。
2 跳成两腿并立。
3 同1动作，但方向相反。
4 跳成还原直立。
5 跳成开立，同时两臂摆至侧平举（将球甩开）。
6 跳成并立，同时两臂体前交叉双击背部一次。
7 跳成开立，同时两臂体侧屈双击臀部一次。
8 跳成还原直立。

● 第三、四个八拍同第一、二个八拍动作，但方向相反

● 第五个八拍动作

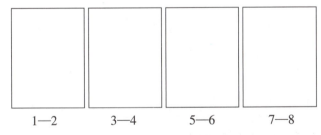

1—2 两腿稍屈膝向左小跳一步，同时两臂侧下举手腕向外绕环（将皮筋绕至手腕上）手握球根，身体稍向左转，眼看左方。
3—4 两脚向右小跳一步，身体稍向左转，眼看右方。
5—6 两脚向前小跳一步，同时两臂胸前交叉双击肩部一次。
7—8 两脚向后小跳一步还原成直立。

● 第六个八拍动作

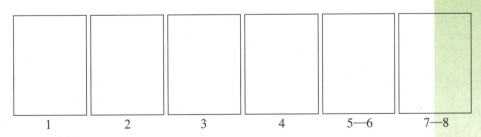

1 左腿前踢小跳一次，同时左臂向后右臂向前摆动。
2 左腿还原跳一次向左转体90度，同时两臂还原。
3 右腿前踢小跳一次，同时左臂向前右臂向后摆动。
4 右腿还原跳一次向左转体90度，同时两臂还原。
5—6 同1—2动作。

知识窗

美国著名健美学家彻妮尔·蒂戈丝曾经说过："所有的女人都有潜在美的魅力，诀窍在于如何将它呈现出来。"什么"诀窍"呢？那就是生命在于运动，运动使你健美，健美操运动就能使你青春常驻。

我们都知道，人的身高多赖于遗传，但体重却是可以改变的。特别是经过长期的健美操的练习。

动作提示

向左、右、前、后小跳时，你绕绳的动作既要快，又要有节奏，不能慌乱，要多体验。

试一试

你能改编和创新一些球操的动作吗？如：向前跳时，两手持球臂向前举可以吗？两臂胸前立屈可否？两手持球击左右肩怎样？你还有新动作吗？你可以和同学们一起试一试、研究一下，或许会有更多的新动作创造出来。通过这种练习和创新，就能提高你的创作能力。但创新时一定要遵循科学性原则、全面性原则和创新性原则哟！

7—8 同 3—4 动作。

● 第七、八个八拍动作同第五、六个八拍动作

● 第九个八拍动作

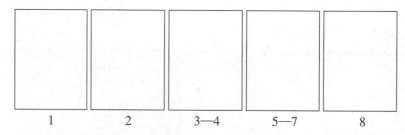

1 左脚侧出一步，同时两臂向侧摆动（球向前甩出）。
2 右脚跟并，同时两臂向侧后摆动。
3—4 左脚侧出一步经稍屈膝右腿前摆起，同时两臂胸前交叉双击背部一次。
5—7 左脚踏回原位，同时两臂体侧屈向内绕环四次。
8 还原成直立。

● 第十个八拍同第九个八拍动作，但方向相反

● 第十一个八拍动作

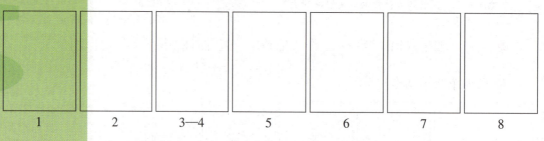

1 两脚起踵，同时两臂经腹前交叉向上绕至侧上举。
2 落踵，同时两臂经侧还原。
3—4 同 1—2 动作。
5 左脚踏一步，同时右臂胸前击左背一次。
6 右脚踏一步，同时右臂体侧屈击右背一次。
7 左脚踏一步，同时右臂体前屈击左肋一次。
8 右脚踏一步，同时右臂体侧屈击右肋一次。

● 第十二个八拍同第十一个八拍动作，但方向相反

动作提示

向前甩球时，一定要掌握好甩球的力量，避免脸或头部受伤，另外站位练习的相距也要保持适当，避免相互干扰。

要求创编的动作能使整个机体都能参与运动，使身体得到全面的发展，并能提高身体的协调灵敏素质。

● 第十三个八拍动作

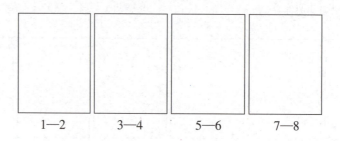

1—2 左腿侧出一步成侧弓步，同时左臂侧摆，右臂至腰间，眼看左方。
3—4 重心右移成右弓步，同时左臂经下向右侧摆动。
5—6 左脚收回两腿直立，同时左臂经下向上绕环。
7—8 还原成直立。

● 第十四个八拍同第十三个八拍动作，但方向相反

动作提示

侧弓步时上体的动作在正直的前提下，进行左右的移动，同时还应带有身体调整的呼吸。

（四）学习与评价

1. 首先要了解自己和他人学习前的情况；
2. 在学习过程中的积极性，是否是主动地练习、学习方法的掌握与提高、与他人的合作是否融洽；
3. 学习成绩是否有明显的提高，特别是心理素质的提高、表现的欲望是否强烈等；
4. 通过学习这套健身操，对自己各方面的能力是否有一定的影响，与音乐的结合运用是否自如、协调；
5. 对自己和别人的评价，一定要客观，从实际出发，特别是对那些身体素质弱、掌握动作比较吃力的同学，更要以鼓励表扬为主；
6. 评价的形式要多种多样，可先自评，然后进行小组评价，最后可以争得老师的全面评价；
7. 对你划出单线小人动作的表现，也要进行客观的展示与评价。比一比看一看，谁画得更好、更像、更准确。

问一问

你完成了这套健身球操吗？你能独自地完成吗？你能配合音乐做吗？你敢在同学们面前表现自己的完整动作吗？你能画出成套的简图动作吗？相信你经过有计划、有目的长期不断地练习，一定会有很大的收获，也一定能在学校或班级的集会上展示自己的动作美和形体美。

五、响棍健身操

响棍健身操，是根据中医学与现代磁化作用相结合，在整套操的动作过程中，有许多左右手持棍多次敲打穴位的动作，从而产生物理刺激，由皮肤间接向肌肉深层、筋腱、神经、血管、淋巴等组织渗透，通过神经和体液的调节产生一系列的生理变化。经过坚持长期的练习，就能改善人体的微循环，促进新陈代谢及各系统的平衡，同时还具有抗衰老、美容的作用，提高人对疾病的免疫能力，从而达到健身的目的。

响棍健身操是由五个部分组成，即准备运动、上肢运动、髋部运动、下肢运动和整理运动。整套动作除了强健各部位的肌肉、锻炼各关节的灵活性、协调性，还通过许多穴位的敲打，刺激预防疾病的发生，强身健体。加之优美旋律的音乐伴随，使得整套动作更加的美观大方，唤起了学生练习的欲望，从而提高了这套操的锻炼价值，下面就将整套操的动作方法做一介绍。

（一）第一部分 准备运动：4×8拍

- 预备姿势：直立，右手持响棍

- 第一个八拍动作

1—4　　　5　　　6　　　7　　　8

1—4 两腿直立，同时压脚跟弹动四次，两手持棍至体前。
5 再压脚跟，两手持棍向左摆动（左手下右手上）。
6 两臂持棍前平举。
7 两臂持棍上举。
8 还原成直立。

告诉你

你见过响棍器械吗？你用响棍做过健美操吗？这里介绍的幼师响棍健身操是一套新型的、有时代特征和幼师学生特点的健身健美操。整套操都是用一根响棍器械来操作的，它不仅有个人的操作动作，同时还伴有两人的配合、四人的组合以及队形的不断变化。这就要求你不但要熟练地把握响棍的特性，还要使响棍与你的动作自如地结合。为此，你一定要把握好他们之间的关系，在此基础上，还能配合音乐反复地进行练习。

健美操教程

告诉你

响棍是一根长1米的棍（有木制的、金属制的和塑料制成的。）响棍的长短还可以根据你的身体需要进行选择。响棍两端的一些花穗，是为了表演时的效果更加鲜艳多彩，同时在穗的两端各装有两个小的响叉，在练习中发出声音，一方面烘托气氛，另一方面为动作的整齐打好节奏。这样在响棍的颜色、花穗、响声、动作及队形变化的融合下，加上表现力的发挥，一定会受到大家的欣赏和喜欢。

学习提示

你能在学习前查阅一些有关的资料吗？如人体的解剖学，以便于了解各穴位的位置，这样你做练习时就能准确地敲击身体的穴位，更好地掌握动作的要领，取得最佳的练习效果。还要了解整套操的动作结构、动作方法，选择适合自己的响棍，进行分节动作的自学、自练，并要求你多看书及学习提示等，还可以与同学们一起研究、探讨，从而就能准确掌握这套响棍健身操的成套动作。

问一问

你找到足三里的部位了吗？请你判断它在小腿的哪个位置？

● 第二个八拍动作。

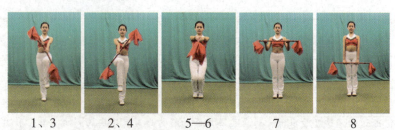

1、3　　2、4　　5—6　　7　　8

1—4 左脚开始踏四步，同时两手持棍前平举左右上下摆动。
5—6 两腿稍屈膝，同时棍胸前屈（屈肘）。
7 两腿直立，同时两手持棍前平举。
8 还原成预备姿势。

● 第三个八拍动作

1—2　　3—4　　5—6　　7—8

1—2 左脚侧出一步成侧弓步，右手持棍分别向左右各摆动一次，左手叉腰（眼看前方）。
3—4 左腿收回直立，同时两手持棍击右肩两次。
5—6 右腿侧伸脚尖点地，同时左腿稍屈膝，右手持棍侧下举（头向右转）。
7—8 右脚收回直立，同时两手持棍击左肩。

● 第四个八拍动作

1　　2　　3　　4　　5—7

1 左脚侧前出一步（走"V"字步），同时两手持棍向左摆动。
2 右脚侧前出一步，同时两手持棍向右摆。
3 左脚向后退一步，同时两手持棍前举向左摆动。
4 右脚还原直立，同时两手持棍向右摆动。
5—7 左腿侧伸，同时右腿稍屈膝身体左转45度，右手持棍击左小腿（足三里穴位）一次，（眼看左下方）。
8 跳成还原直立（图略）。

（二）第二部分 上肢运动：18×8拍

● 第一个八拍动作

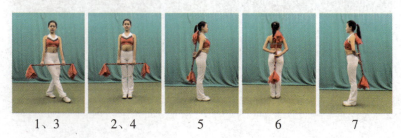

1、3　　2、4　　5　　6　　7

1 左腿稍屈膝右腿前伸脚尖点地，同时两手持棍两臂侧下举。
2 还原成直立。
3—4 同 1—2 动作，但方向相反。
5—7 右手将棍翻至背后，屈两手持棍敲击背部三次，同时左脚开始踏步向左转体 360 度。
8 还原成直立（图略）。

● 第二个八拍动作

1—2 两腿稍屈膝，同时两手持棍前平举。
3—4 左脚侧出一步，同时压脚跟两次，两臂还原。
5—6 左脚开始踏两步，同时两臂持棍上举。
7 左脚原地再踏两步，同时两臂前平举。
8 还原成直立。

● 第三个八拍动作

1 左脚踏一步，同时两手持棍击左肩。
2 右脚踏一步，同时两手持棍再击左肩一次。
3—4 同 1—2 动作，但方向相反。
5—8 同 1—4 动作。

● 第四个八拍动作

1—2 左脚侧一步，同时向左顶髋两次，两手向左摆动。
3—4 同 1—2 动作，但方向相反。
5—6 左脚开始踏两步，同时两臂缓缓抬起至前平举。
7—8 两腿稍屈膝，同时两手持棍经上向下摆至前平举。

● 第五至第八个八拍同第一个八拍动作，但方向相反

告诉你

你知道科学性原则吗？

创编的任何一个动作或是成套动作，都要严格遵循运动的生理解剖的规律，运动负荷应是由小到大、动作由简到繁、强度由弱到强再到弱，最后能恢复到平静状态，这样才能改善和提高身体各系统的功能来。

知识窗

健美操的音乐效用：

1. 健美操的音乐能激发学生跳动的情绪，不断变化的音乐旋律加之不断变化的健美操动作，还可以激发同学们的兴趣和兴奋度，进而更好地起到健身、陶冶情操的目的。

2. 健美操音乐具有感染力和号召力。强劲有力的健美操音乐能消除学生神经上的疲劳和紧张。学生紧张的精神在健美操音乐的拨动下，得到极大的缓解，同时音乐优美的旋律和节奏还会使你的身体不由地舞动起来，感染和调节学生的情绪。

3. 健美操音乐能加强对动作的记忆和对美的欣赏。一曲好的音乐会使你遐想一个情景，而音乐的旋律与节奏就会使你在大脑中形成一个美好的联想，因而对健美操动作有所反应。在音乐的提示下，展现出你的动作美和表现的美，提高你的欣赏境界。

4. 健美操音乐可以激发创造力。不同风格的音乐会激发不同的思维和灵感，就会产生各种联想和创造力。

健美操教程

5. 健美操音乐能影响动作对身体的作用。合理健康的健美操音乐能使你的心跳频率产生节奏共鸣，动作的节奏跟随音乐的快慢进行变化，每分钟心率可以相差10—15次，所以，音乐的节奏能刺激大脑皮层的中枢神经产生兴奋，音乐不仅能给情感带来良性的刺激，而且能促进全身的血液加速，呼吸和心跳频率加快，促使你赶快地动起来

● 第九个八拍动作

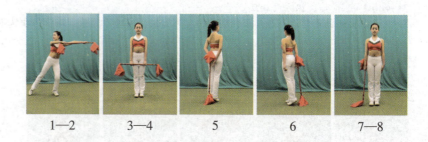

1—2　3—4　5　6　7—8

1—2 左脚侧出一步成弓步，同时两手持棍向左摆动，左臂侧平举右臂胸前平屈（头向右转）。
3—4 还原成直立。
5—8 碎步向左转体360度，同时左手将棍交递至右手上，最后还原成直立。

● 第十个八拍动作

1—2　3—4　5—6　7—8

1—2 左脚向侧前出一步成弓步，同时左手叉腰，右手持棍侧上举（身体向左转体45度）。
3—4 右臂屈肘敲击后背（腹中穴）两次。
5—6 左腿伸直重心后移，同时右腿稍屈膝，右臂经上绕至斜下举敲击小腿（三阴交穴）两次。
7—8 右手持棍还原成直立。

● 第十一个八拍动作

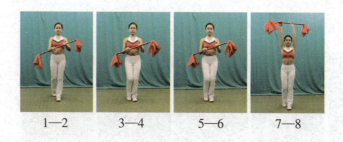

1—2　3—4　5—6　7—8

1—2 左脚向前迈一步，右脚跟并两腿稍屈膝弹动（向前并步一次），同时两手持棍左手先前绕右手跟绕（做手腕摇动）一次。
3—4 同1—2动作重复一次。
5—8 同1—4动作，但手臂缓缓上举。

● 第十二个八拍同第十一个八拍动作，但方向相反

● 第十三至十六个八拍同第九至十二个八拍动作，但方向相反

知识窗

大众健美操的音乐风格，经常使用的有迪斯科舞曲、爵士乐、摇滚乐、轻音乐等。针对不同的健美操风格采用不同的音乐相配合。比如：幼师经常做的姿态健身健美操、素质健身操等，经常采用迪斯科舞的音乐相配合。它的节奏感鲜明，旋律均匀，使身体姿态动作舒展、大方、有力，这样才能体现出动作与音乐的完美结合。

● 第十七个八拍动作

1、3　　　　2、4　　　　5—6　　　　7—8

1 左脚原地踏一步，抬左腿，同时两手持棍敲击左肩。
2 右脚原地踏一次，抬右腿，同时两手持棍敲击右肩。
3—4 同 1—2 动作。
5—6 原地小跳一步成左腿屈侧弓步，同时左手叉腰，右手持棍前举，向左右摆动一次。
7—8 跳成还原直立。

● 第十八个八拍同第十七个八拍动作，但方向相反

（三）第三部分 全身运动：10×8 拍

● 第一个八拍动作

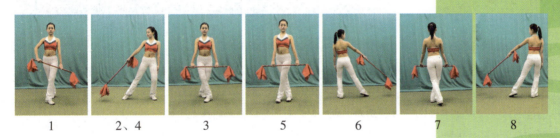

1　　　2、4　　　3　　　5　　　6　　　7　　　8

1 左脚向前交叉一步同时稍屈膝，右手持棍经下向上击左手。
2 右腿侧伸，同时脚尖点地，右手持棍侧下举（眼看右方）。
3 右脚前迈交叉，同时两手体前持棍（棍敲击右手）。
4 同 2 动作，但方向相反。
5—8 同 1—4 动作，但向右转体 180 度。

● 第二个八拍同第一个八拍动作

1、3　　　2、4　　　5、7　　　6　　　8

1 左腿屈膝右腿直立跳一次，同时两手持棍前平举。
2 跳成还原直立。
3—4 同 1—2 动作，但方向相反。
5 原地跳一次，同时右腿屈膝小腿内踢，右手持棍敲击右小腿内侧，左手叉腰。
6 原地跳一次同时右腿屈膝小腿外踢，击小腿外侧。
7 同 5 动作。
8 跳成还原直立。

● 第三个八拍同第一个八拍动作

动作提示

全身运动的第一个八拍动作是一组转方向的练习，动作稍有难度，你可以先将下肢动作学会后，再持棍练习，而且要注意身体的转动与动作的结合及表现力的发挥。

想一想

跳跃动作是用棍敲击小腿内外侧的穴位，敲击右腿时，左脚要不停地做小跳动，同时上体还要保持挺直和优美，并表现出动作的轻松、协调与灵活，你能做得到吗？

● 第四个八拍同第二个八拍动作，但方向相反

● 第五个八拍动作

1—2　　　　3—4　　　　5、7　　　　6　　　　8

1—2 左脚侧出一步，向左顶髋两次，同时两手持棍敲击左大腿外侧两次（身体左转45度）。
3—4 同 1—2 动作，但方向相反。
5 左脚向侧前一步，同时起踵向左顶髋，左手叉腰右手持棍向前摆动。
6 右脚向前交叉，同时右臂向后摆动。
7 同 5 动作。
8 还原成直立。

● 第六个八拍动作

1、3　　　　2、4　　　　5、7　　　　6　　　　8

1 左脚踏一步，同时两手持棍击左肩一次。
2 同 1 动作，但方向相反。
3—4 同 1—2 动作。
5 两腿直立，压脚跟弹动一次，同时棍向左摆动。
6 同 5 动作，但方向相反。
7 同 5 动作。
8 还原成直立。

● 第七至九个八拍动作同第六个八拍，但转体90度

● 第十个八拍同第五个八拍动作，但方向相反。

（四）第四部分 下肢运动：8×8拍

● 第一个八拍动作

1、3　　　　2、4　　　　5、7　　　　6、8

1 原地跳一次，同时右腿屈膝小腿内踢，右手持棍敲击右小腿内侧，左手叉腰。
2 原地跳一次同时右腿屈膝小腿外踢，击右小腿外侧。
3—4 同 1—2 动作。
5 左腿后踢跳一次，同时左手叉腰右手持棍击左肩。
6 右腿后踢跳一次，同时击右肩。
7—8 同 5—6 动作。

● 第二个八拍动作

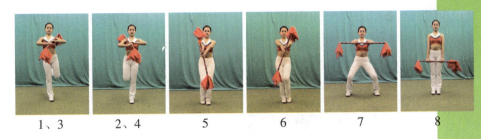

1、3　　　　2、4　　　　5　　　　6　　　　7　　　　8

1 左脚后踢腿跳一次，同时两手持棍击左肩。
2 同 1 动作，但方向相反。
3—4 同 1—2 动作。
5 两腿稍屈膝向左小跳一次，同时两臂前平举向左摆棍。
6 同 5 动作，但方向相反。
7 跳成分腿开立稍屈膝，同时两臂前平举横握棍。
8 跳成还原直立。

● 第三、四个八拍同第一、二个八拍动作，但方向相反

● 第五个八拍动作

1—2　　　3—4　　　5　　　　6　　　　7　　　　8

1—2 原地跳一次，同时左腿侧摆起，两手持棍向左摆动。
3—4 同 1-2 动作，但方向相反。
5—8 左脚开始向左后踢腿踢转 360 度，同时两手将棍扛至右肩上。

● 第六个八拍动作

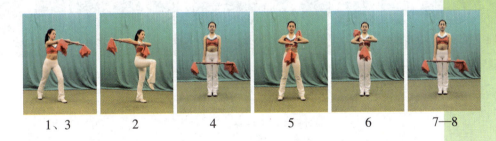

1、3　　　2　　　　4　　　　5　　　　6　　　　7—8

1 原地跳起成左腿前右腿后弓步落地，同时两手持棍前平举。
2 原地跳一次，同时左腿直立右腿屈膝抬起 90 度，两臂拉至胸前平屈。
3 同 1 动作。
4 跳成还原直立。
5 跳成左右腿开立，同时两手持棍击左肩。
6 跳成并立，同时两手持棍击右肩。
7—8 跳成还原直立，同时两手体前横握棍。

● 第七、八个八拍同第五、六个八拍动作，但方向相反

第三章　学前教育专业健美操

问一问

你做跳跃组合的能力如何？你能一点不错地连接下来吗？能配合音乐表演吗？你还能创新吗？

你知道吗？

健美操是一种成功的减肥运动，你可能觉得你在这方面已经做得不错了，但效果还不明显。此时你应该考虑健美操练习的安排上应作一些调整。比如：做一套 5 分钟长的健美操成套动作，一定要保证动作的质

健美操教程

量,另一方面还要增加套路的练习次数,并要有一定的间歇,间歇的时间要根据你的身体情况而定,太短了锻炼的效果不好,太长了就会给身体带来损害。因此,要特别注意。

(五) 第五部分 整理运动: 10×8 拍

● 第一个八拍动作

1、3、5、7　　2、4、6、8

1—8 左脚开始向前走八步,同时两臂前平举,两手持棍向前后搓动。

● 第二个八拍同第一个八拍动作,但方向相反

● 第三个八拍动作

1、3　　2、4　　5　　6　　7　　8

1—2 左脚开始踏两步,同时两手持棍至体前。
3—4 同 1—2 动作。
5 左脚踏一步,抬左腿,同时右手持棍击左小臂一次。
6 右脚踏一步,抬右腿,同时换手。
7 左脚踏一步,左手持棍击右小臂一次。
8 右脚踏一步还原。

● 第四个八拍动作

1　　2、4　　3　　5　　6　　7　　8

观察与学习

你已学完了响棍健美操的全部动作,你体验后有何感受?你觉得难吗?你有何体会和收获?学习后你还有何打算?你还想继续学习更难些的动作或套路吗?相信你一定还要不断地学习新内容,进一步地充实自己,提高学习健美操的特长,丰富自己这方面素材,为自己将要从事的幼儿教育专业奠定基础。那就希望你进行一次认真的学习小结。

1 左脚踏一步,同时左手持棍与右手体前相握。
2 右脚踏一步,同时换手。
3 左脚踏一步,同时两手体前握棒。
4 右脚踏一步,同时左手持棒。
5—8 原地踏步,8 拍时还原成直立。

(六) 学法步骤提示

1. 学习前先认真看书,了解响棍健身操整套动作的风格与特点。
2. 学习时,先进行徒手动作的练习,并将动作反复练习,巩固后再进行持棍的基本动作练习,如:原地踏步持棍的左右摆动,敲击身体各穴位的练习(肩井穴、足三里等)。
3. 进行持棍与动作结合练习,可采用累进教学法、反复练习法、合作练习法、评价练习法等学习方法进行练习。
4. 等动作熟练后可采用配合音乐练习,音乐的速度在十秒钟二十四至二十六拍之间比较合适。
5. 在练习中,还可以请教老师的指导与帮助,同时要大胆地将自己掌握的动作展示在同学们面前,请大家观赏和评价,培养自己的表现力和良好的心理素质。

六、表演健美操

幼师表演健美操是在同学们学习和掌握了基本动作、组合动作和成套动作的基础上所创编的一套适合幼师学生特点、具有很强表演性的健美操，这套动作相对比较复杂，动作多变、小动作较多，加之动作队形的不断变化和相互的配合，是一套非常好看和有趣的欣赏内容。通过锻炼不仅能使同学们享受到锻炼的快乐，提高审美和表现的能力，同时还能培养其观察力、模仿力、鉴赏力、思维力和创造力，满足表现的欲望。为了使同学们更好的学习和掌握这套操的动作，下面向你们简单的介绍整套操的动作方法。

（一）出场动作：4×8拍

● 第一个八拍动作

　　1、3　　　　2　　　　5、7　　　　6、8

1—3 左右脚后踢腿跑，同时两臂前后自然摆动（握拳）。
4 两腿稍屈膝，同时两臂胸侧屈（图略）。
5 两腿经屈伸提臀，同时左臂前平举（五指分开、立掌），右臂经体侧滑动至体后屈（眼看观众）。
6 两腿稍屈膝，同时右臂摆至体侧屈（眼看前方）。
7 同 5 动作。
8 同 6 动作。

● 第二个八拍同第一个八拍动作，但方向相反。

● 第三个八拍动作

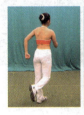    

　1　　　2、3　　　4、6　　　5、7　　　8

1—3 左右脚后踢腿跑跳，同时向右转体360度，两臂两后自然摆动。
4 成两腿并立，稍屈膝，同时两臂胸前平屈（稍含胸低头）。
5 跳成开立，同时两臂侧上举（分指掌向前，抬头）。
6 同 4 动作。
7 同 5 动作。
8 跳成还原直立。

● 第四个八拍同第三个八拍动作，但方向相反。

试一试

你想在学校的舞台上去展示自己的风采吗？不要放弃机会，快快地参加到幼师健美操的表演中来吧！同伙伴们一起来参加排练、一起合作表演、一起享受学习幼师表演健美操的快乐！共同提高我们的职业能力，为今后的学习奠定好的身体和健康的心理基础。

观察与学习

出场动作可根据表演场地的大小和你所编排上场的人数，增加拍节，也可减少拍节，同时上场的队形也可以有所变化。比如：集体密集队形成扇形出场；由左右两边出场等，还可以上场之后将动作进行前后排的交换位置的变化，使上场的形式多变、新颖、有趣、表现出动作的美和集体合作的美。

试一试

表演操需要你的想象力,特别是你要有很好的心理素质和准备,在做的过程中,你可以尽情发挥自己的特点与优势,你能放得开吗?快快表现出你的潇洒与魅力吧!

动作提示

1—3 的动作基本上是连接起来做的,图上所表示的是动作的分解过程,你做时,一定要将动作连起来才会好看流畅。

动作提示

做顶髋动作,不宜过大,要收腹,避免顶肚子,顶髋打开的手臂要稍小些才好看,请你体验一下。

(二)表演动作:15×8 拍

● 第一个八拍动作

1—2　　　　3—4　　　　5、7　　　　6、8

1—2 左右腿向前后踢腿跑两次,两臂胸前交叉屈(稍低头)。
3—4 再跑两次,同时两臂上举(分指掌、稍抬头)。
5 左腿吸腿跳,同时两臂经下摆至左臂侧平举,右臂胸前平屈(握拳)。
6 跳成还原直立。
7—8 同 5—6 动作,但方向相反。

● 第二个八拍动作

1　　　　2　　　　3　　　　4

1 左脚侧出一步,同时两臂肩侧屈(握拳)。
2 向左分腿滑动小跳,同时向上伸屈两次。
3 右腿后伸,重心后移成弓步,左腿稍抬起,同时两臂摆至体侧屈(稍抬头、挺胸,眼看观众)。
4 左腿落地。
5—8 同 1—4 动作,但方向相反。

● 第三个八拍动作

1—2　　3—4　　5　　6　　7　　8

1—2 左脚前出一步脚尖点地,顶左髋,同时两臂经前交叉摆至侧平举。
3—4 经屈伸一次重复 1—2 的下肢动作,同时两臂经腹前交叉打开至髋侧屈(成健美手指)。
5 左脚侧上一步(走"V"字步),同时两臂胸前平屈,向前绕环。
6 右脚向前一步,同时两臂再向前绕环。
7—8 左右腿依次还原,同时两臂胸前击掌两次。

● 第四个八拍动作

1、2　　　3　　　4　　　5、7　　　6

1 左脚侧出一步，同时左臂向侧绕环（掌心向外）。
2 左脚收回还原直立。
3 左脚侧出一步，两腿稍屈膝，同时两臂体前交叉向下伸（握拳）。
4 跳成直立。
5 跳成开立，同时两臂肩侧屈（分指掌）。
6 跳成并立，同时两臂体侧屈。
7 同 5 动作。
8 跳成还原直立（图略）。

● 第五个八拍动作

　　1　　　　2　　　　5　　　　6

1 左脚向侧前弓步跳一次，同时两臂向前摆动。
2 跳成并步，同时两手体前击掌。
3—4 同 1—2 动作，但方向相反。
5 再向左侧弓步跳一次，同时右臂经左前平摆。
6 跳成并步，同时右臂还原体侧。
7—8 同 5—6 动作，但方向相反。

● 第六个八拍动作

　1、3　　　2　　　4、8　　　5　　　6　　　7

1 跳起成左腿后举，右腿落地，同时左臂侧下举，右臂侧上举（眼看右手）。
2 跳成两腿稍屈膝落地，同时两臂胸前立屈（小臂交叉、握拳）。
3 同 1 动作。
4 跳成还原直立。
5—7 左脚开始向左走三步，向左转 360 度，同时右臂经前摆至头上平屈。
8 还原成直立。

● 第七个八拍动作

　1—2　　　3—4　　　5—8

1—2 左脚侧出一步稍屈膝，向右顶髋两次，同时两臂摆至侧下举（分指掌、掌心向前）。
3—4 再向右顶髋两次，同时两臂摆至侧平举。
5—8 再向右顶髋四次，同时两臂摆至上举。

告诉你

音乐是表演健美操重要的组成部分，而表演健美操是表现音乐的手段，动作与音乐完美的结合，节奏、风格的统一，就能更好的体现其欣赏性和娱乐性。

试一试

向左、右的弓步滑动跳，好似滑冰的左右移动，你感受到了吗？你的动作是否像在冰上那样的自如、流畅、潇洒？

动作提示

当跳起时臂和腿的动作，都要保持像棍一样的直，那就要求脚尖和手指用力，身体也要保持一定的紧张度。

告诉你

音乐节奏给动作以活力与动感。不同的音乐节奏要选用不同的动作。如：表演健美操一般的开始都选用较慢节奏的音乐，使动作从舒展身体开始，再由音乐节奏的逐渐加快，进入操的主体部分。

● 第八个八拍动作

1　　　　2　　　　3—4　　　5、7　　　6　　　　8

1—2 左腿经屈伸向前脚尖点地，上体右转90度，同时两手经握拳向下摆至侧下举（成分指掌）。

3—4 两腿屈伸一次，右腿侧伸脚尖点地，向右顶髋，同时右臂经左向右摆至肩前平屈。

5—6 两腿屈伸一次，同时右腿前伸脚尖点地，上体向左转体180度，两臂胸前平屈（右肩上提、握拳）。

7—8 同 5—6 动作。

观察与学习

这组动作可以四人配合进行，下面是四人侧面的动作与队形的展示。

● 第九个八拍动作

1—2　　3—4　　5—6　　7—8

1—8 左脚开始向侧前错步四次，同时两臂体侧旋摆（左右两人面对面走圆形）。

● 第十个八拍动作

1　　　　2　　　　5—6

1—2 左脚向前跳两次，同时右腿后踢，左臂经右摆至脸前平屈（分指掌、掌心向前），第2拍手还原。

3—4 同 1—2 动作，但方向相反（换腿做）。

5—6 同 1—2 动作，但两臂绕至脸前屈。

7—8 同 5—6 动作。

告诉你

通过你刻苦、努力、坚持长期的健美操学习，就能够运用你的能力、热情、技巧和理解，从而就能很自信地表达对音乐和动作的内涵。用你的目光、动作、表情和身体的活力展示出健美操的表现力和魅力。

● 第十一个八拍动作

1　　　2　　　3　　　4　　　5　　　6　　　7

1 跳成开立，同时左臂肩侧屈（托掌）。

2 跳成并立。

3 跳成开立，同时右臂肩侧屈（托掌）。

4 跳成并立。

5 跳成开立，同时两臂上举（合掌）。

6 跳成并立，同时两臂肩上屈（立掌）。
7 跳成开立，同时两臂向外推至侧平举（立掌）。
8 跳成还原直立。

● 第十二个八拍动作

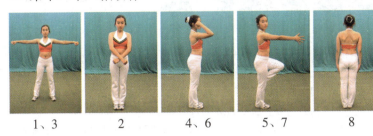

1 跳成开立，同时两臂侧平举（握拳）。
2 跳成并立，同时两臂体前交叉。
3 同 1 动作。
4 跳成直立，同时向左转体 90 度，左臂至腰间（拳心向上），右臂肩前屈。
5 原地跳一次，同时左腿抬起 90 度，右臂摆至前平举（头向右转，分指掌）。
6 同 4 动作。
7 同 5 动作。
8 跳成直立（身体保持左转 90 度）。

● 第十三个八拍同第十二个八拍动作，但方向相反。

● 第十四个八拍动作

1 原地跳一次，同时左腿屈膝内踢右手触左脚内侧，左臂侧上举。
2 再跳一次，同时左腿外踢左手触左脚外侧，右臂侧上举。
3 跳成两腿开立稍屈膝。同时两臂胸前平屈（握拳）交替绕环一次。
4 跳成并立，同时两臂肩侧屈。
5 跳成开立，同时左臂上举。
6 跳成并立，同时左臂肩侧屈，右臂上举。
7 同 5 动作。
　跳成还原直立。

● 第十五个八拍动作

1—2 左脚向左转 90 度向后踢腿跳一次，同时两臂胸前平屈交替绕环（两人跑圆形）。
3—4 右脚向前后踢腿跳一次，同时两臂胸前击掌一次。
5—8 同 1—4 动作。

动作提示

侧摆动作，臂一定要在肩侧屈，五指要并拢，大小臂、手腕的角度要适当，动作表现像敦煌的千手佛造型，请你试着表现。

观察与学习

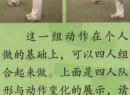

这一组动作在个人做的基础上，可以四人组合起来做。上面是四人队形与动作变化的展示，请你组合体验。

试一试

这一组都是四人的合作动作，要求四人动作一致，相互的配合，并要表现出相互交流的意识，你能做得到吗？试试看！

健美操教程

试一试

结束的3—4拍动作，既要干脆有力，又要使动作优美，身体表现出高度的协调与美观大方，你能感受得到吗？你是怎样退场的？整套操结束了，你的心理得到满足了吗？

问一问

通过表演健美操的学习，你一定有很多的收获，你学到了什么？表演健美操的学习对你的能力是否有提高？对你的心理素质是否有改变？对你学习方法的掌握是否有帮助？你能在同学们面前展示自己吗？你能进行自评吗？希望你能做认真的小结。

观察与学习

先将四个人变成一个小组，前排左边人为1号位，右前边人为2号位，后边的左边人为3号位，右后边人为4号位。请看下图所示：

4号× ×3号
2号× ×1号

想一想

你发现了吗？第一至第二个八拍动作，是你学过的，应该如何做？提示你这两个八拍动作是在原地做的，不进行队形的变化。

（三）结束动作：1×8拍

1   2   3—4

1 跳成开立，同时两臂侧平举。
2 跳成并立，同时两臂上举合掌。
3—4 小跳一次，同时左腿侧伸脚跟着地，右腿稍屈膝，两臂成肩前平屈（立掌）。
5—8 左脚开始向侧错步，同时两臂体侧旋摆（退场）。

（四）学习提示

1. 要先发现整套动作的结构与特点，特别是动作的表现、场地的运用、队形的安排等；
2. 学习时可以先自己单独学动作，也可两人组成小组互学互帮、互纠正动作，不会的动作也可以请教老师帮助掌握；
3. 待动作基本掌握后，就可以选择音乐配合练习，音乐选择时要注意音乐节奏感强，有感染力；
4. 整套动作熟练后，就可以组成六人或八人进行有场地、有队形变化的表演性地练习，这要靠多人的配合才能完成；
5. 安排动作队形时一定要有科学性的体现。比如：动作队形的变化、过渡等，一定要以最短的路线进行变化或组合，不能跨越的路线太长。

七、合作健身操

合作健身操是把前面所学过的基本动作，通过四个大组的组编加上一些简单的两人或四人动作的配合、方向及身体的不断变化，完成的一套合作练习，本套操的特点是动作简单，伴随着许多两人或是四人的相互配合，有时还有一些交叉队形和横竖排及方形、三角形以及圆形的出现，要求学生有很好的思考能力和记忆能力，同时还要有集体意识和相互配合的能力。通过练习，发展学生思维力、想象力以及记忆动作的能力，培养学生团结友爱的精神及研究性学习和合作性学习的方法。下面介绍动作方法。

（一）第一个组合动作：6×8拍

● 第一个八拍动作

1—2   3—4   5—6   7—8

1—2 两腿屈膝，同时两臂侧平举。
3—4 两臂前平举。
5—6 两臂上举。
7—8 左臂斜上举，右臂侧后举。

● 第二个八拍动作

1—2 两臂侧后举（眼看左手）。
3—4 两臂侧上举（稍抬头）。
5—7 两臂头上交叉经前绕环至左臂侧后举，右臂斜前上举。
8 还原成直立。

● 第三个八拍动作

1—4 向前走四步（前后排交换），同时两臂前后屈臂自然摆动。
5 左脚侧出一步，稍屈膝，同时两臂体前交叉（稍含胸低头、分指掌）。
6 左脚收回直立，同时两臂肩侧屈（握拳）。
7 左脚侧出一步，两腿稍屈膝，同时两臂体侧屈（抬头、分指掌）。
8 还原成直立。

● 第四个八拍动作

1—4 左脚开始原地踏步四次，同时两臂前后屈摆。
5—8 两腿直立，同时两臂胸前屈交叉，手指触肩，头经左向后绕环360度。

● 第五、六个八拍同第三、四个八拍动作，但交换成原位

（二）第二个组合动作：6×8拍

● 第一个八拍动作

1—4 左脚开始走四步，同时向左转体，两臂前后直摆（四人组成一组，走一个四方形）。

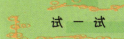

试 一 试

1—4拍的踏步与一般的踏步有什么不同？它的特点是身体有了上下的弹动，你能体验到吗？

第三个八拍队形：

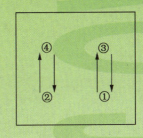

第1—4个八拍队形：

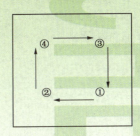

健美操教程

想一想

四人练习，当同伴做动作时，你一定要有配合的意识和表现力哟！同时原地的动作不能移位，你能做到吗？在做动作的同时相互间也可以提示下一个动作。

第5个八拍队形：

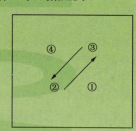

试一试

健美操是一项很好的减肥训练项目，它可以在调节能量平衡、消耗脂肪方面助你一臂之力，那么，做多少健美操才适合呢？你不妨试一试："每星期做3—5次30分钟的健美操练习，每次控制心率在目标心率范围之内，这样每星期就可以多消耗掉900—1 500卡的热量，明显要比平时消耗得多。"请你体验吧！

5—8原地踏四步，同时两臂前后直摆。

● 第二、三、四个八拍同第一个八拍动作，但第四个八拍的7、8拍动作，后排的同学向右转体180度还原。

● 第五个八拍动作

1—4　　　　5—8

1—4　2、3号位的同学面对面左肩交叉换位走（走三角形），同时1、4号位的同学原地踏步。
5—8　四人原地踏步。

● 第六个八拍同第五个八拍动作，但1、4号位与2、3号位动作交换做。

● 第七、八个八拍同第五、六个八拍动作，但换位做。

（三）第三个组合动作：4×8拍

● 第一个八拍动作

1—4　　　5、7　　　6　　　　8

1—4　四人原地踏四步，同时两臂前后屈摆。
5　左腿前伸脚跟着地，右腿稍屈膝，同时左臂摆至侧平举，右臂胸前平屈。
6　左腿后伸脚尖点地，同时左臂摆至胸平屈，右臂侧平举。
7　同5动作。
8　还原成直立。

● 第二个八拍同第一个八拍动作，但方向相反

● 第三个八拍动作

1—4　　　5—6　　　7　　　　8

1—4　四人原地踏四步。
5—6　左脚侧出一步，压脚跟弹动两次，同时两臂体前交叉摆动两次（稍含胸低头）。
7　左臂侧上举，同时右臂侧平举（眼看左手）。
8　还原成直立。

- 第四个八拍同第三个八拍动作，但方向相反

（四）第四个组合动作：8×8拍

- 第一个八拍动作

　　1—3　　　　4　　　　5、7　　　　6、8

1—4 左右的同学左脚开始面对面走四步，同时两臂屈臂摆动，4拍时还原成直立。
5 两人互击掌一次。
6 胸前击掌。
7—8 同5—6动作。

- 第二个八拍动作

　　1—4　　　　5、7　　　　6、8

1—4 同第一个八拍的1—4动作，但退回原位。
5 左脚踏一步，同时各自转回原位，两手肩侧击掌。
6 同5，但方向相反。
7—8 同5—6动作。

- 第三个八拍动作

　　1—4　　　　5、7　　　　6、8

1—4 1至4号位的同学向圆心走三步，第4拍成直立。
5 四人向侧互拍手。
6 四人胸前击掌。
7—8 同5—6动作。

- 第四个八拍动作

1—4 同第三个八拍的1—4动作，但退回原位。
5—8 同第二个八拍的5—8动作（图略）。

- 第五个八拍动作

　　预备　　　　1—4　　　　5—8

第一个八拍队形：

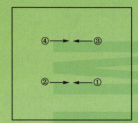

第二个八拍队形：

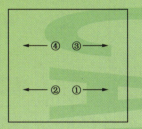

第三个八拍队形：

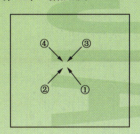

第四个八拍队形：

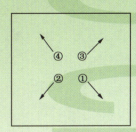

第五个八拍队形：

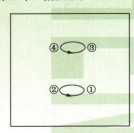

第六个八拍队形:

1—8 左右两人左肘相搭,右手叉腰,同时向左跳转360度。

- 第六个八拍动作

1—8

1—8 同第五个八拍动作,但换前后两人做。

- 第七个八拍动作

1—8　　　(八)8

1—8 2、3号位的人左肘相搭,同时右臂侧上举,跑跳步跳转360度,1、4号位的人原地跑跳步。

- 第八个八拍同第三个八拍动作,但1、4号位做2、3号位的动作,2、3号位做1、4号位的动作

第七个八拍队形:

（五）第五个动作组合：4×8拍

- 第一个八拍动作

1—4　　　5—6　　　7—8

第一个八拍队形:

1—4 2、3号位的同学面对面左肩交叉换位走(走三角形),同时1、4号位的同学原地踏步。
5—6 2、3号位的同学转体踏步,同时1、4号位的同学原地踏步。
7—8 四人原地踏步。

- 第二个八拍同第一个八拍动作,但1、4号位与2、3号位动作交换做

- 第三、四个八拍同第一、二个八拍动作。

（六）第六个组合动作：8×8拍

- 第一个八拍动作

1—4　　　5—6　　　7—8

1—4 左脚开始原地踏步，同时两臂前后摆动。
5—6 左脚前一步，右脚跟并稍屈膝，同时两臂体侧璇摆。
7—8 同 5—6 动作，但右脚前走。

- 第二个八拍动作同第一个八拍动作，但方向相反

- 第三个八拍动作

　　1—4　　　　5　　　　6　　　　8

1—4 同第一个八拍的 1—4 动作。
5 左脚向前一步，交叉稍屈膝，同时两臂胸前交叉。
6 右腿侧伸脚尖点地，同时两臂侧打开（打响指）。
7 同 5 动作，但立右脚向前一步。
8 左腿侧伸脚尖点地，同时两臂侧打开（打响指）。

- 第四个八拍动作同第三个八拍动作，但方向相反

- 第五个八拍动作

　　1—4　　　　5　　　　6　　　　7—8

1—4 1 至 4 号位的人向圆心走四步。
5 左腿前伸脚跟点地，右腿稍屈膝，同时两臂胸前平屈（握拳）。
6 还原成直立。
7—8 四人向外跳转 180 度成屈膝半蹲，同时两臂摆至侧后举。

- 第六个八拍动作

　1　　　2　　　3　　4、8　　　5　　　6　　　7

1—4 四人左脚开始向左走圆形，第 4 拍还原成直立。
5 左腿稍屈膝脚尖点地，同时两臂胸前立屈（低头）。
6 两腿交换，同时两臂上举（握拳）。
7 两腿再交换一次，同时两臂侧平举。
8 还原成直立。

问一问

通过学习合作健美操你有何感受？你能在小组的合作下，顺利的完成组合动作吗？你在组合的练习中承担了什么角色？是 1 号位、2 号位、还是 3、4 号位？你如承担的是 1 号位，那你就要有提示动作、组织小组合练以及给小组指导纠正的任务，也可以说你是小组的骨干力量，你能做到吗？

因此，在学习合作健美操时，要因人而易合理的安排好角色，这样才能使整套组合动作准确的到位、才能表现出动作整齐与优美。同时在展示的过程中，每一个同学都可以相互的提示动作，并在音乐的伴奏下展示我们团结合作的魅力。

第五个八拍队形：

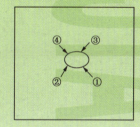

第六个八拍队形：

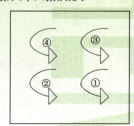

观察与学习

集体做向前后跑跳时，注意队形的整齐，这要靠集体的配合，也有你的责任呀！

动作提示

注意四人的配合，要有集体的意识感，同时你还可以相互的提示下一个动作的开始。

第三个八拍队形：

- 第七个八拍动作

1　　2—4　　3　　5、7　　6、8

1—2 左脚开始向左走两步，同时两臂自然摆动。
3 左脚再向前小跳一步，同时右腿后踢。
4 同 2 的动作。
5 左脚侧出一步，两腿稍屈膝，同时两手叉腰。
6 左腿收回直立。
7—8 同 5—6 动作，但方向相反。

- 第八个八拍同第七个八拍动作，但方向相反

（七）第七个组合动作：6×8 拍

- 第一个八拍动作

1—8

1—8 左脚开始原地踏步，同时两臂自然摆动（握拳）。

- 第二个八拍动作同第一个八拍动作

- 第三个八拍动作

1—3　　4　　8　　（二）4

1—3 2、4 号位左脚开始向左前走 90 度弧线，同时两臂前后自然摆动，1、3 号位原地踏步。
4 2、4 号位成并步，同时四人两手胸前击掌。
5—8 同 1—4 动作。

- 第四个八拍同第三个八拍动作

- 第五、六个八拍同第三、四个八拍动作，第七至十个八拍同第五至八动作，但换位做。

（八）第八个组合动作：8×8拍

● 第一个八拍动作

　　1、3　　　　2、4　　　　　　5—8

1 跳成开立，同时两臂侧平举。
2 跳成还原直立。
3—4 同 1—2 动作。
5—8 前排左、后排右，后踢腿跑四次交换场地，同时两臂侧平举。

● 第二个八拍动作同第一个八拍动作，但方向相反

● 第三个八拍动作

　　1　　　　2、6　　　　5　　　　7

1 左脚向前弹踢跳，同时两臂摆至前平举（握拳）。
2 跳成还原直立。
3—4 同 1—2 动作，但方向相反。
5 同 1 动作，但两臂伸至上举（分指掌）。
6 同 2 动作。
7 右腿弹踢，同时左右边两人两臂相搭。
8 跳成两腿直立（图略）。

● 第四个八拍动作

　　1—2　　　　3—4

1—2 左腿吸腿跳一次（1、3号位向前移动，2、4号位向后移动）。
3—4 左腿直腿踢跳一次，同时继续移动。
5—8 同 1—4 动作，但变成纵队队形。

● 第五个八拍动作

　　1—8

1—8 同第四个八拍动作，但换腿做继续向右转，变成两人搭肩（1、3号位、2、4号位）。

第一个八拍队形：

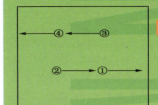

动作提示

第七拍时四人搭肩，1号位左手叉腰，4号位右手叉腰，形成一个横排队形。

第三个八拍队形：

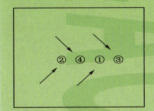

动作提示

在做第三个八拍动作时，1—4拍就要前后人向前或向后移动，成为一横排队形。

第四个八拍队形：

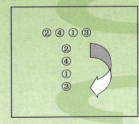

第五个八拍队形：

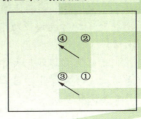

健美操教程

动作提示

后踢腿跑的姿势上体要稍前倾，同时两臂的肘关节要上下用力震动。

试一试

做放松练习时，要注意与深呼吸的配合，同时两臂5—8拍时，在头上手腕相靠。

体验

你体验到放松的感觉了吗？你是如何做臂部动作的？你体验到了呼吸的感受吗？

学习体会与感受

"通过学习和体验合作健身操的过程，使我感到集体力量的魅力，它能使一个不会合作的集体发展到很有默契的、统一的、步调一致的、完美的整体，这是不可思议的。不仅如此，通过学习我还懂得了关照别人、尊敬他人，也学会了沟通与交流，能虚心地向别人学习，在相互评价纠正动作的同时，敢于发表自己的见解，有了一定的自信心，性格也有所改变了，对我的帮助很大呀！"

这就是首都师范大学学前教育学院学生学习合作健美操后的感受。

● 第六个八拍动作

1—8 四人后踢腿跳回原位，同时两臂胸前屈上下振动。

● 第七个八拍动作

1—4　　　5　　　6　　　7—8

1—4 左脚开始原地踏步，同时两臂前后自然摆动。
5—6 起踵，同时两臂经侧向上缓缓摆起。
7—8 落踵，同时两臂缓缓向下摆至还原直立。

● 第八个八拍动作

1—4　　　5　　　6　　　7—8

1—4 左脚开始原地踏步，同时两臂前后摆动。
5—6 两腿直立起踵，同时两臂体侧缓缓摆起至侧平举。
7—8 还原成直立。

（九）合作健美操评价标准

内容 标准	掌握动作方法	合作能力	综合表现
优	通过练习，学习方法掌握得很快，并能将学习的好方法迁移到各科的学习内容中运用。	通过学习，性格开朗，有很强的合作能力，并能相互谦让，团结友爱，使班里的气氛融洽。	通过练习，表现出很强的综合能力，并能在音乐的伴奏下，提示和帮助同伴顺利完成动作。
良	通过练习，有了好的学习方法，并能自觉进行练习，动作掌握得较快。	通过练习，有了较强的合作能力，并能与同伴一起研究和掌握动作。	通过练习，有了表现的欲望，能评价自己的表现，还能在音乐的伴奏下练习。
一般	通过练习，能掌握所教个人的动作，并基本上能独立完成。	通过练习，基本上能与同伴合作，但需要同学的提示和帮助。	通过练习，能有一定的表现力，但反应出综合素质一般。
差	通过练习，对学习的内容掌握较困难，不能完成任务，主要是对学习的方法没有掌握。	通过学习，看出合作能力差，无法与同伴合作，完成所学习的内容。	通过练习，还是不能按要求完成动作合作，主要是综合能力很差。

八、扇子健身操

扇子健身操是根据学生的身心需要和扇子的特点，创编的一套具有健康性、时代性、新颖性、趣味性的健身活动。扇子健身操是让学生手持一把比一般的扇子稍大些的扇子，进行身体的各种活动，活动的内容丰富多彩，有单手持扇动作，也有双手持扇的变化，还有一些队形的变化和小集体的合作等。通过学习不仅能发展学生的身体素质，同时培养学生的全脑活动，发展身体各部位的小肌肉及关节的灵活性和协调性，加强同学间的团结及自觉学习、观察学习、研究学习、评价学习的良好习惯。下面就将动作方法介绍给你们，供大家学习，希望你们能通过学习和观察，在原有的动作、队形以及合作的基础上进行改编和创新。

学习目标

1. 了解健美操的发展，特别是对一些轻器械的使用；
2. 认真学习和了解扇子健美操的结构、特点，培养学生会看书，看懂书，培养运用的能力与习惯；
3. 通过自学、自练，掌握成套动作，从而培养学生的综合能力，学会合作学习及评价。

（一）第一个组合：4×8拍

● 第一个八拍动作

1、3　　　2、4　　　5—6　　　7—8

1—4 左脚开始原地踏四步，同时右手持扇，两臂前后摆动。
5—6 左脚侧出一步，同时两手背后将扇交于左手。
7—8 还原成直立。

● 第二个八拍动作同第一个八拍动作，方向相反

● 第三个八拍动作

1—4　　　5—6　　　7—8

1—4 两人小碎步向中间靠拢，同时两手持扇至胸前。
5—6 左脚侧出一步成左弓步。
7—8 还原成直立。

试一试

做任何一件事情，一般人们都愿用右手操作，而左手只是一种辅助的作用。那么扇子健身操，就是要让你不仅要用右手进行操练，而且要用左手进行对称的动作练习，这样就要求你多用右脑思维、想象，从而开发全脑的智能，你做好准备了吗？让我们一起来大胆地尝试和体验吧！

动作提示

持扇子的手一定要将扇子持紧，要保持扇子是臂的延长线。同时还要求手腕灵活，保证扇子在动作操作时的灵活性、协调性以及两手换扇的巧妙性。

试一试

两人碎步及侧弓步，你能做得像一个人那样整齐，这要靠两人的默契哟！请你体验。

健美操教程

你知道吗？

大众健美操的音乐节奏是每十秒钟在22—24拍的中低强度的有氧运动。

试一试

你想创新吗？其实也不难，告诉你简单的上下肢动作组成单个的健美操动作或组合动作，而改变动作或是下一个动作的方向、动作路线、动作节奏、动作顺序、动作音乐，这就是创新的开始。

想一想

在这里又一次出现"V"字步，你有何感受？你一定做得很自如、很潇洒，表现得很自信吧！

动作提示

臂侧前举时，扇子应与手臂成一条直线，因此你要控制好扇子的指向，主要是手与腕关节的用力与控制。

● 第四个八拍动作

1—4　　5—6 2/4　　5—6 1/3　　7—8

1—4 两人小碎步变成一路纵队（左边的人在前）。
5—6 前边人右脚、后边人左脚出一步左弓步。
7—8 还原成直立(右手持扇)。

（二）第二个组合：4×8拍

● 第一个八拍动作

1—4　　　5　　　6　　　7　　　8

1—4 左脚开始原地踏步四步，同时右手持扇，两臂前后摆动。
5 向左转体45度，左脚向左前一步，同时右手打左肩一次。
6 右脚向右前一步，同时右手打右肩一次（走"V"字步）。
7—8 左脚收回，同时右脚跟并，手经前自然收回。

● 第二、三、四个八拍动作同第一个八拍动作

（三）调整动作：1×8拍

1—2　　　3—4　　　5—8

1—2 左脚左出一步，压脚跟两次，同时两手将扇打开至体前，含胸低头。
3—4 再压脚跟两次，同时两臂胸前立屈握扇。
5—8 小碎步回原位，同时向左转体360度。

（四）第三个组合：4×8拍

● 第一个八拍动作

1—2　　　3—4　　　5—6　　　7—8

1—2 左脚侧出成左弓步，同时右臂侧上举，左手叉腰（眼看右手）。

3—4 重心后移左腿伸直,右腿稍屈膝,同时右臂经下摆至前平举。
5—6 成左弓步,同时右手将扇打开(在体前)。
7—8 还原成直立。

● 第二个八拍动作

1　　　2—4　　　3　　　5、7　　　6　　　8

1 右脚侧出一步,脚尖点地,同时右臂侧绕环。
2 还原体侧。
3—4 同 1—2,但方向相反。
5 右腿侧前一步脚尖点地,同时右肩上提。
6 右肩还原。
7 同 5 动作。
8 还原成直立,同时将扇交换与左手。

● 第三、四个八拍动作同第一、二个八拍动作,方向相反

(五)第四个组合:4×8 拍

● 第一个八拍动作

1　　　2　　　3　　　4　　　5　　　6　　　7

1—4 左右两人互换位置走四步(左边人右手持扇,右边人右手持扇,将扇打开),扇子由下慢慢摆至侧上举(左边人在前、右边人在后错位)。
5—8 原地踏四步,同时握扇的手在头上拖绕。

● 第二个八拍动作

1　　　2、4　　　3　　　5　　　6　　　7、8

1 出左脚,同时脚跟点地,右腿稍屈膝,将扇打开前举。
2 左脚收回直立,两手持扇于腹前。
3—4 同 1—2 动作,但方向相反。
5—8 向左转体 360 度,同时两手置扇于右侧(留头)。

试 一 试

你开始用左手打开扇子,一定很不习惯,告诉你一个窍门,打开时握扇不要太紧,特别是手的大拇指和食指握住扇子的一根竹签,让扇面能够开合自如。另外,向开扇的方向用力,同时小拇指有意将扇子的面控制好。这样才能使动作统一和整齐。

健美操教程

告诉你

交叉换位时，两人的动作距离不要太开，是背对背擦肩而过，同时到位的时间，扇子与动作的节奏要统一、协调、一致。关键还是对音乐的理解和节奏感的把握与表现。

你知道吗？

健美操的下肢动作，特别是跳跃运动，当落地时，都要保持屈膝缓冲，这样才能减少对大脑的震动和冲击。

健美操的锻炼，还可以改变你的肌肉线条，增强你的肌肉力量。

动作提示

第一拍跳时，右手持扇要将扇子从里向外绕摆至前举，但绕动的速度要稍快一些。

观察与学习

1—4拍是一组协调动作的练习，需要你左右脑的思维，请你多思考，多练习。

● 第三个八拍动作

1—2　3—4　5—6　7—8

1—2 两腿稍屈膝弹动两次，同时右手持扇打左手心两次。
3—4 左脚向左出一步右脚尖点地，同时右臂经下向外摆至肩侧屈，左手叉腰眼看右手。
5—6 重心右移，同时左脚尖点地，上体向左侧屈，右臂经下摆至上举。
7—8 左脚收回两腿稍屈膝，同时两臂胸前平屈，立扇。

● 第四个八拍动作

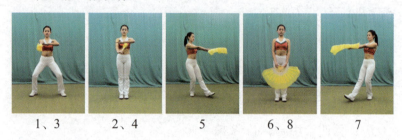

1、3　2、4　5　6、8　7

1 跳成左右腿开立，同时左臂胸前平屈，右臂绕下向前绕至前平举。
2 跳成并立，同时右臂收回。
3 同1动作。
4 同2动作。
5 跳成左腿侧伸脚跟点地，同时右腿稍屈膝，两手持扇前举。
6 跳成还原直立。
7—8 同5—6动作，但方向相反。

（六）第五个组合：4×8拍

● 第一个八拍动作

1　2　3、4（前）　5　6　7　8

1 原地踏一步，同时左臂前平举，右臂胸前平屈持扇。
2 再踏一步，同时左臂肩前立屈。
3—4 动作不变，再踏两步。
5—8 前后两人换位置，同时前排的人向后退走将扇子由上往下摆动。后排的人动作相反。

● 第二个八拍动作

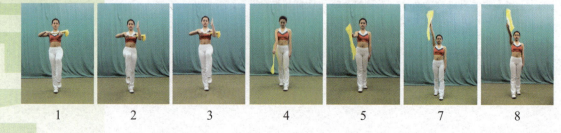

1　2　3　4　5　7　8

1—4 同第一个八拍的 1—4 动作。
5—8 同第一个八拍的 5—8 动作，前后排的人换回原位。

● 第三个八拍动作

　　1　　　　4　　　　5　　　　6　　　　7　　　　8

1—4 1、4号位：两人互换位置（走对角线），同时右手持扇由下慢慢摆至侧上举。
5—8 左手在头上经托绕后还原体侧。
2、3号位：同 1、4号位的 5—8 拍动作，但托绕两次。

● 第四个八拍动作

同第三个八拍动作但换位做。

● 第五、六个八拍同第三、四个八拍动作，但换位做。

（七）第六个组合：4×8拍

● 第一个八拍动作

　1—4　　　5、7　　　　6　　　　8

1—4（全体）左脚开始原地踏步四步，同时右手持扇。
5 跳成两腿左右开立，同时右手将扇在眼前打开。
6 跳成并立，同时右手将扇合上。
7 同 5 动作。
8 还原成直立。

● 第二个八拍动作（四人向中间集合）

　1—2　　　3—4　　　6、8

1—2 左脚向左出一小步，右脚跟并稍屈膝，同时右手持扇子向左摆。
3—4 动作相同，但方向相反。
5—8 同 1—4 拍动作但四个人向中间走。

● 第三个八拍同第一个八拍动作，但四个人踏回原位

第三章 学前教育专业健美操

观察与学习

在变化队形时，两人相距的距离不要太远，要擦肩而过，同时还要有相互的交流与表现。

试一试

要学会练习中的调整。在一套动作的练习中，要有一些动作的自我调整，这包括跳跃动作，如何进行放松，要根据动作的特点、身体的情况进行自我调整，比如：第一个八拍的动作，就可以在原地踏四步时进行积极的放松，调整好呼吸。

问一问

向左右摆动扇子时，你的手指是如何控制扇面的？大、小臂与身体的角度都要有一定的控制，你能控制好吗？

健美操教程

你知道吗？

退场的动作是多种多样的，可以集体成密集队形，也可以由两侧分开退场，还可以集体同时向后退场等，这要看场地的大小和参与人数来定。

观察与学习

一套健美操学习结束后，都要进行自我评价和对同伴的评价，而评价的目的是总结自己的学习方法、学习能力、心理素质的培养、综合能力提高等方面的小结，通过小结看到自己的进步和不足。同时也要对同伴的学习进步进行客观的评价，这也是对同学的关心与帮助，但是，在评价中，我们首先要肯定自己和他人的进步，再提出不足和希望，特别是对学习较吃力的同学。评价的结果是能激发同学们学习的积极性，在学习中得到快乐的同时提高学习的综合能力。

问一问

你学过软式排球吗？你用软式排球做过健美操吗？接下来你将要用软式排球进行一套韵律操的体验与学习，你想了解和学习吗？通过学习一定会给你带来很多的乐趣，同时也会给你许多的启迪和学习的帮助，让我们一起来了解和体验吧！

● 第四个八拍动作

1、3　　　2、4　　　5、7　　　6、8

1—2 右脚抬起吸腿跳一次，左脚向后退跳，同时右手持扇向前后摆动。
3—4 同 1—2 动作。
5—8 左脚开始跑跳步，上体稍前倾，同时两臂体前左右摆动。

（八）退场：同第四个八拍动作一直到下场

（九）学法提示

1. 学习前可先了解整套扇子健美操的动作与结构；
2. 选好扇子的大小，并进行反复的左右手基本动作的练习（如：左右手开扇动作、左右手摆动练习、左右手的绕扇动作等），特别是一些快速打开扇的动作；
3. 学习徒手动作练习，学习的方法有很多，可以自己学习与体验，还可以和同学们一起研究、分析、掌握动作方法；
4. 多采用累进教学法进行练习，待动作熟练后，可分部分地进行持扇加动作的练习，最后成套动作练习；
5. 成套动作熟练后，可选择自己喜欢的并适合扇子健美操动作的音乐配合练习，同时要大胆地在同学们面前展示、表演自己的学习成果；
6. 在学习的过程中，你一定会遇到很多的困难，但你一定不能灰心，要想办法战胜它，还可以请老师的指导与帮助，相信你一定能学会并能提高学习能力。

九、软式球韵律操

软式球韵律操是让学生手持一个软式排球进行身体锻炼的韵律体操，在操练的过程中，可以用软式球做各种身体动作，如：抛接球、旋转球、滚动球等，同时还可以用单手持球、双手持球及交换手等一系列动作的变化，体现出动作与球的和谐与统一，从而可以锻炼学生的身体素质，提高心理素养，特别是表现的欲望和能力。此外，通过练习提高学生控制球的能力，培养学生的动作美，提高审美的能力。

学习目标

1. 明确学习目的，认真看书了解整套操的结构与特点；
2. 了解软式排球的特性，掌握基本动作及球的配合；
3. 掌握自学方法和合作式的学习，学会发现问题与研究；
4. 培养良好的音乐节奏感，提高韵律感和优美感。

（一）第一个组合：8×8拍

● 第一个八拍动作

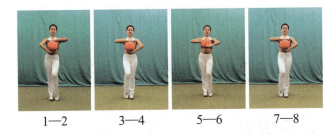

1—2 左腿稍屈膝，右腿直立，同时两手持球左手在上右手在下（手心向下）。
3—4 做滚动步一次，同时两手持球向前绕动一次（左手下、右手上）。
5—8 同 1—4 动作。

● 第二个八拍动作

1—2 左脚向侧一步，压脚跟两次，同时两手体前持球（稍低头）。
3—4 再压脚跟两次，同时两臂前平举。
5—6 压脚跟两次，同时两臂上举。
7—8 左腿收回还原成直立，同时两手持球于体前。

● 第三个八拍动作

1—2 左脚侧出一步，右腿稍屈膝向左顶髋两次，同时两臂侧平举（左肩外旋、右肩内旋，眼看向手）。
3—4 左腿稍屈膝，向右顶髋两次，同时两臂侧平举左肩外旋、右臂内旋。
5—6 同 1—2 动作。
7—8 还原成直立。

● 第四个八拍动作

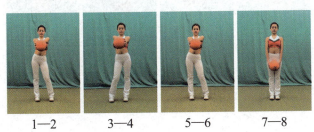

观察与学习

你发现了吗？软式排球的弹性不是很大，因此，做拍球的动作时，一定要用力；你还体验到了吗？软式排球很软，因此，在单手持球时，手指稍用力就能将球持住了；你感觉到了吗？抛球时的力量，是大好还是稍小一些好呢？这要靠你的体验后才能把握；练习后你感觉何种音乐最适合与软球韵律操的配合？请你体验吧！

学习前先请你熟悉软式排球的性能，多练习软式球拍、运、抛、两手交换等动作，然后进行徒手练习，特别是对稍难些的动作，如：抛接动作、在腰间、腿下绕环等，使球与你的身体和动作融为一体使用自如，再进行成套动作的操练，要多采用累进学习法、反复练习法、小组合作法等，最后选用合适的音乐进行配音练习，你就会很顺利的完成这套软式球韵律操的学习。

动作提示

向左转髋时，要稍带顶髋，但身体不要左右转动，同时单手要持紧球，眼看球，动作就更好看了。

动作提示

两臂前举转动球时，上体不要左右晃动，要保持直立的姿态，用两臂的力量上下的转动。

1—2 右腿侧出一步，左腿稍屈膝顶右胯，同时两手持球向右璇动。
3—4 同 1—2 动作，但方向相反。
5—6 同 1—2 动作。
7—8 还原成直立。

● 第五至八个八拍同第一至四个八拍动作

（二）第二个组合：4×8拍

● 第一个八拍动作

1—2　　　3　　　4　　　5、7　　　6　　　8

1—2 左脚侧出一步，稍屈膝，同时左手叉腰，右手拍球两次。
3 同 1—2 动作，但只拍一次。
4 左脚收回，还原成直立。
5—7 左脚开始原地踏三步，同时左手将球由后传给右手（传递两圈）。
8 还原成直立，同时两手持球至胸前。

● 第二个八拍动作

1—2　　　3—4　　　5—6　　　7—8

小常识

软式球的弹性不是很好，因此，在拍球时，一定要稍用力，才能将球拍起，才能跟上音乐的节奏。

1—2 左脚侧出一步，同时左臂侧平举持球，头向左转。
3—4 左脚收回，同时两手胸前持球，头转正。
5—6 左腿前伸脚跟点地，同时两手持球向外推翻至前平举，头后屈（手心向前）。
7—8 左脚收回，还原成直立。

● 第三、四个八拍同第一、二个八拍动作，但方向相反。

（三）第三个组合动作：6×8拍

● 第一个八拍动作

1—2　　　3—4　　　5—6　　　7　　　8

1—4 左脚开始原地踏四步，同时由左手从后将球传给右手（绕两圈），4拍时右手持球。

5—6 左脚侧出一步，同时重心左移，右脚脚尖点地，左手叉腰，右手持球，屈肘向内旋摆（眼看球）。

7 重心右移左脚脚尖点地，同时上体左侧屈，右臂上举。

8 左脚收回，还原成直立。

● 第二个八拍动作

1—2 两腿屈膝，同时两臂前平举双手持球。
3—4 两腿直立，同时将球经手指拨动至大臂上前举（稍屈臂）。
5—6 左脚侧一步，上体前屈，同时两手持球自然下垂。
7—8 两腿直立，同时右手将球由后传至左手。

● 第三个八拍动作

1—2 左手持球体前屈，同时将球经右腿里侧传给右手。
3—4 同 1—2 动作，但方向相反"绕 8 字形"。
5—6 同 1—2 动作。
7—8 还原成直立。

● 第四至六个八拍同第一至三个八拍，但方向相反。

（四）第四个组合：4×8 拍

● 第一个八拍动作

1—2 左脚侧前出一步成左弓步，同时左手叉腰，右臂斜上举右手持球。
3—4 左腿伸直，右腿稍屈膝，同时右臂经下摆至平举。
5—8 压脚跟四次，同时两手胸前持球。

知识窗

介绍学习方法：

1. 健美操的动作类型丰富多样，因此，学习中必须要根据自己的实际情况，恰当地选择适合自己学习的内容。选择学习的内容要先从简单的动作组合开始，逐渐发展到成套的徒手动作，最后进行手持轻器械内容的学习。

2. 在学习中要重视自己的自学能力，从自学过程中培养自己会看、会学、会讲、会教、会评价等职业能力，提高综合能力。

3. 在学习过程中，要学会和同学们的合作，特别是一些健美操的动作都是在相互的合作中进行和完成的，因此，必须要有很好的合作意识和能力，学会谦让他人，并热情地指出和纠正同伴的不足。

4. 健美操的特点是表现力强，因此在学习中要有意识地培养自己的表现力。而健美操的表现力是通过面部表情和身体动作来表现的。一套健美操如果缺乏生动的表现力，他将会失去健美操的魅力与生命力。朴素、自然、真实、富有激情的表现力，就能给同学带来美的享受，会起到感染同学、激励同学的作用。而表现力的训练包括神态、气质和风格三个部分。

5. 在学习中要重视基本姿态的训练。正确的身体姿态是表现出健美操"健、力、美"的关键。

● 第二个八拍动作

   1   2   3   4   5   6   7—8

1—4 左脚开始左走一圈360度,同时两手持球（留头）。
5—6 左脚向左前一步,同时右脚跟并,两手上举。
7—8 两腿稍屈膝,同时两手持球至腰间。

● 第三、四个八拍同第一、二个八拍动作,但方向相反。

（五）第五个组合：8×8拍

● 第一个八拍动作

  1、3、5   2、4   6   7   8

1 跳成左右分腿开立,同时两腿稍屈膝下蹲,两臂前平举。
2 跳成还原并立,同时两手体前持球。
3 同1动作。
4 同2动作。
5 同1动作。
6 跳成并立,同时两臂侧上举将球向左转动。
7 跳成左右分开立,同时将球向右转动。
8 跳成还原直立。

● 第二个八拍动作

  1、3   2、4   5   6、8   7

1 左脚原地后踢腿跳一次,同时左手叉腰,右臂侧平举持球。
2 右脚后踢腿一次同时右臂体侧屈。
3—4 同1—2动作。
5 后退跳一步,同时左腿伸直,右腿稍屈膝脚跟着地,两臂前平举（球向外翻）。
6 跳成还原直立。
7—8 同5—6动作,但方向相反。

在健美操的学习中一定要严格地训练自己身体各部的基本姿态,使自己通过学习能培养和养成正确的身体姿势,也为职业教育工作打好必要的基础。

6. 在学习过程中还要注意身体素质的练习。良好的身体素质是完成一套健美操的基础。因此,在有意识全面的训练身体素质的同时,还应重视健美操专项素质的练习与提高,特别是力量、柔韧、弹跳与灵敏性等。

7. 在学习中还要重视对音乐节奏感的培养与训练。健美操是在有音乐的伴奏下进行的身体练习。音乐节奏感好,就可以保证动作的协调、轻巧、表现的效果好。不同特点的音乐伴奏,完成动作套路技术的动作练习,把音乐的节奏特点与主旋律的内涵通过动作表现出来,达到动作与意境的统一结合,使同学们能从多方面来理解和处理好音乐节奏与动作的关系、把握健美操的完美表现。

动作提示

跑跳动作的节奏比较快,因此持球的手指一定要用力,将球持紧,不然就会掉球,影响整套动作的完成的效果。

● 第三个八拍动作

　　1、3　　　　2、4　　　　5　　　　　6　　　　　7　　　　　8

1 向左后踢腿跑，同时两臂前平举（双手持球）。
2 再后踢腿跑跳，同时两臂胸前立屈。
3—4 同 1—2 动作。
5 跳成左腿直立，同时右腿后举，两手持球侧上举。
6 跳成两腿直立，同时两臂下摆。
7 同 5 动作，但方向相反。
8 跳成还原直立。

● 第四个八拍动作

　　1—2　　　　3—4　　　　5—6　　　　7—8

1—2 两腿稍屈向后退跳一步，同时两手持球前平举。
3—4 两腿屈膝再向后跳一次，同时两臂胸前立屈。
5—6 同 1—2 动作。
7—8 同 3—4 动作。

● 第五至第八个八拍同第一至第四个八拍动作，但方向相反。

（六）第六个组合：12×8 拍

● 第一个八拍动作

　　1—2　　　　3—4　　　　5—6　　　　7—8

1—2 左腿稍屈膝，右腿直立，同时两手持球（左手上、右手下，两手心向下）。
3—4 做滚动步一次，（右腿稍屈膝，左腿直立），同时两手持球（右手上、左手下）。
5—8 同 1—4 动作。

● 第二个八拍动作

　　1—2　　　　3—4　　　　5—6　　　　7—8

动作提示

跑跳要表现出轻松愉快，同时上举的臂和后举的腿一定要伸直，身体保持一定的紧张度。

试 一 试

向后跳时，应有挺胸、塌腰、提臀的感觉，你能感受到吗？同时要持好球哟！

动作提示

滚动步的用力方法是向上的感觉，滚动时身体是上下的弹动，而不是左右的摆动，请你注意！

问 一 问

你能创新一些放松的新动作吗？这些放松动作，你能做到以下变化吗？比如：转个方向？比如：踏四步后再转动两臂呢？你还有什么新动作？

1—2 左脚侧出一步，同时右腿稍屈膝弹动两次，同时两臂前平举将球向左侧扭动。
3—4 同 1—2 动作，但方向相反。
5—6 同 1—2 动作。
7—8 还原成直立。

● 第三个八拍动作

1、5　　　2、4　　　3　　　6、8　　　7

1 两腿稍屈膝，同时左臂向后摆动，右臂向前摆动。
2 还原成直立。
3—4 同 1—2 动作，但方向相反。
5—6 同 1—2 动作。
7—8 同 3—4 动作，但左手持球。

● 第四个八拍动作

1—2　　　3—4　　　5—6　　　7—8

1—2 左脚侧出一步，同时两臂侧摆，左手持球。
3—4 左脚收回，同时两腿稍屈膝，两手持球至体前（稍含胸低头）。
5—6 右腿侧出一步，同时右手持球侧摆。
7—8 还原成直立。

● 第五个八拍动作

1—3　　　4　　　5—6　　　7—8

1—3 两腿稍屈膝，同时身体左转45度，左手拍球三次，右手叉腰。
4 两腿直立，同时身体转正，两手持球胸前平屈。
5—6 两臂摆至左臂前右臂后，左手持球。
7—8 两臂换摆。

● 第六个八拍动作

1—2　　　3—4　　　5—6　　　7—8

试一试

做放松动作摆动两臂时，一是要缓缓摆起，二是要加上合理的身体呼吸，你做到了吗？

告诉你

1. 对软式球不了解，就进行持球动作练习，造成了动作与球的混乱；
2. 学习前先了解软式球的性能，再进行持球学习；
3. 学习方法不当，造成动作顾上顾不了下；
4. 学习时可先学上肢动作，再学下肢动作，待上、下肢动作都熟练后，再完整动作练习；
5. 成套动作不熟练就进行配音乐的练习，造成跟不上音乐的节奏；
6. 一定要待动作熟练、巩固、自如后，再进行配音乐的练习，就会收到好的学习效果。

1—2 左脚侧出一步，同时两臂上举双手持球。
3—4 两臂打开至侧上举右手持球。
5—6 右腿收回，同时身体左转45度稍屈膝，两手持球至右髋处（眼看前方）。
7—8 还原成直立。

- 第七至第十二个八拍同第一至第六个八拍动作，但方向相反。

（七）学法提示

1. 学习前先要多练习软式球的基本动作，如：各种的拍球；抛接球；绕球动作等，熟悉球性；
2. 认真研究每一节动作方法、重点、要求等，这对你学好软式球健身操很有用；
3. 不会的操节，可以先同大家相互研究、分析、探讨，提出问题，同时要想办法解决；
4. 在学习的过程中，还可以求得教师的帮助和指导，同教师共同研究掌握不会的动作；
5. 待成套动作都掌握后，就试用音乐配合练习，但要注意的是，选择音乐的速度不能太快，否则就会影响套路的完成，特别是会造成多次的掉球。

第五节 校园健美操赛

同学们！你们已到了健美操学习的结束阶段，通过学习一些健美操的基本动作、动作组合，同时还体验了创新的过程，你想参加健美操的比赛吗？你想展示自己的风采吗？让我们一起投入到校园健美操比赛的活动中去，享受健与美的快乐。

一、比赛流程参考与采纳

（一）先请学生会的体育部长，组织各年级各班的体育委员，组成一个组委会，进行工作分配。

1. 裁判长由一人承担，比如就是学生会的体育部长，或是请一位体育教师担任。
2. 裁判员由各班的若干名体育委员组成，或找班里的体育骨干，包括有一名总计分员。

（二）写出比赛规程（内容包括以下几个方面）

1. 比赛的目的

通过三年健美操的学习，让同学们开动脑筋发挥自己的创造力，创编出新的健美操动作，并能带领着同学们一起交流、学习和锻炼，同时通过校园健美操的比赛，班与班之间能相互的交流和沟通，增进友谊、积极推广、掀起学习健美操的高潮，从而培养同学们的组织能力、创新能力、评判能力和积极向上敢于拼搏的能力。

2. 参加单位

问一问

健美操的实践内容介绍已进行了一个阶段。在健美操的学习中，你一定有很多的收获，想必你一定还想继续学习，我想你已经有了创新的能力，你可以试着创编，相信你一定能创编出更好的、更使你和同学们喜欢的健美操，同时你还可以继续进行幼儿健美的学习，在幼儿基本体操的学习中，你又能学到更多的知识和幼儿基本体操的新内容，这部分也是为你步入幼儿教师的最后阶段收集实用的内容和再创新打基础。希望你能将学习健美操的精神和方法，积极地投入到学习幼儿基本体操的内容中，取得新的成绩。

你知道吗？

大众健美操锻炼标准有六个等级，它适用于不同年龄、不同水平的人参与。每年举行一次全国性的大赛。

你敢参加吗？

告诉你

Airobics（有氧健美操）练习时的心率应达到每分钟150次，但它的动作一定要遵循循序渐进的原则，要由易到难、由简到繁哟！

高一年级各班、高二年级各班、高三年级各班。

3. 参加人数

比如：每班规定由8—10人上场比赛。

4. 动作要求

（1）创编的整套健美操要体现出科学性、创新性、健康性等；

（2）每套操的时间为：3分50秒至4分钟；

（3）成套动作不能少于12个八拍动作；

（4）队形的变化不得少于4次。

5. 评分要求

（1）创新效果占3分；

（2）精神面貌占1.5分；

（3）规定时间完成占1.5分；

（4）完成情况占2分；

（5）音乐选择占2分。

6. 评分方法

（1）设立一个裁判员个人评分表(如表1)，将每个裁判员评判的分数交给总评判员。

表1 裁判员评分表

内容 组别	创新效果 3分	精神面貌 1.5分	完成情况 2分	规定时间 1.5	音乐选择 2分	得 分

（2）在设立一个总分评价表（如表2），交给总计分员，记录每组的评判成绩。

表2 总评分表

内容 组别	创新效果	精神面貌	完成情况	规定时间	音乐选择	得 分
1						
2						
3						
……						

（3）评判最后成绩的方法是去掉所有裁判员评判成绩里的一个最高分和一个最低分，其他的平均分就是该组的最后得分。

7. 裁判员的分工方法

（1）让高一的裁判员，评判高二的参赛队；

（2）让高二的裁判员，评判高三的参赛队；

（3）让高三的裁判员，评判高一的参赛队。

知识窗

你想加强减脂训练吗？你可以选择一些健身器械的练习，女性进行健身器械的锻炼是不会长肌肉块的，而健身器械的锻炼非常有利于减少体内的脂肪。

讨厌的局部肥肉是完美身材的缺陷，特别是腹部，有针对性的锻炼，"对症下药"就能收到好的效果，肥胖问题就会自然迎刃而解。

对女生来说，全身上下最容易囤积脂肪的部位，就是小腹和腰部了。肥肚丰腰的最大原因，就是每次吃完东西，不是坐着上课，就是躺着睡觉。久而久之，自然就成了"小富婆"。

知识窗

1. 比赛项目：
女子单人、男子单人、混合双人、三人和六人（三男三女）。

2. 成套时间：
成套动作时间为：1分45

8. 奖励办法

（1）精神奖励：采取表扬鼓励的方法进行奖励；

（2）物质奖励：向学校申请少量的经费，购置锦旗和奖状及纪念品进行奖励等。

二、评判你我他

在学习的结束评价中，应包括对自己和同伴学习过程的评价。自我评价应侧重在学习参与程度，学习进步的幅度以及对学习健美操价值的理解上，同时还可以对学习健美操前后的身体素质（包括身体的协调性、灵活性、反应能力和应变能力以及表现自我的能力和良好的心理状态等）进行小结，从而提高自我锻炼、自我评价的能力。

对同伴的评价，也应本着实事求是的态度，在评价的同时，不仅仅是只看到同伴们几套动作掌握得如何，更重要的是评价他在学习过程中，参与的态度是否积极，在学习健美操的过程中，学习的方法是否科学，对自己有何启发，同伴合作式学习、研究式学习、探究式学习、良好锻炼习惯的养成等多方面作出客观的评价。

下面为你提供一个评价标准，请你结合具体的内容，为自己和同伴作出评价。

秒，有加减5秒的宽容度。

3. 比赛场地：
① 场地为：$7\times7\ m^2$；
② 赛台不得小于 $9\times9\ m^2$；
③ 裁判座位区：在赛台的正前方，裁判员在赛台的两个对角，总裁判和裁判长在赛台的中央最高处。
④ 限制：在没有叫到之前，教练员和运动员禁止入场，运动员比赛时，教练员必须留在等候场地。

4. 着装：运动员必须着一件紧身衣，可前后开口，必须穿整洁的健美操比赛鞋；禁止带首饰。

5. 音乐伴奏：可以使用一首或多首乐曲混合的音乐，也可以使用原作音乐和加入特殊音响效果。

表3 学习健美操的综合评价标准表

内容 标准	参与态度	学习程度	心理素质	音乐感受
优	积极参与，并能带动同伴一起学习，起带头作用受到同学的好评。	掌握了好的学习方法，学习效果好，并有创新的能力。	练习后改变了自我，并能大胆地展示自己，克服心理的压力。	节奏感强，能与动作紧密结合，并能自选音乐练习，感染力强。
良	能够参加活动，并能同伙伴们一起合作练习。	学习方法较好，并能够相互纠正和评价。	练习后心情愉快，心理上得到了满足。	有一定的音乐感和节奏感，能与动作配合。
中	在同伴的引导下能参与活动，完成任务。	在教师和同学们的协助下，能掌握基本动作。	练习后，对心理的影响不大，但不反感。	在教师和同伴的提示下，能配合音乐练习。
差	不能主动地参加活动，是一种被动的态度。	对所学习的内容无法完成，学习效果不好。	练习时，对心理上是种压力。	没有音感，无法与音乐配合练习。

第四章 幼儿健美操

第一节 幼儿基本体操成套学习要求

幼儿基本体操的成套动作，是向学生们介绍一些幼儿基本体操的套路动作，重点介绍了两套徒手操和五套轻器械体操，通过这几套基本体操的介绍和学习，一方面给学生介绍一些动作素材，另一方面打开学生的思维，引发学生创新的思路，为今后在幼儿园工作中运用和创新奠定基础。

下面介绍的幼儿基本体操，都各有不同的形式和特点，学习的目标也有所不同。在学习中请同学们不仅只是学会动作，这些体操的动作都非常简单，主要是让你们观察各套操动作的特点、创编的目标、动作的设计、各轻器械的使用、学习方法的掌握等，在学好每一套动作的同时，使自己或与同学们共同创编出不同风格的幼儿体操动作或成套动作，并能在老师和同学们面前展示自己的作品，从而培养自己的创新能力和职业能力。

幼儿基本体操一般是在幼儿园体育综合教育活动中开展的，形式是多种多样的，它没有刻板固定的形式和内容，一般多以游戏的形式进行，主要目的是让幼儿在户外进行一些身体活动，采用一些锻炼的内容和手段，如：幼儿的跑动活动、跳跃活动、各种游戏活动，也包括幼儿的基本体操活动等，采用体操内容主要是为了使幼儿在活动中加强组织纪律性、培养良好的身体活动姿态和锻炼习惯，满足幼儿身心发展的需要。

幼儿教师无论组织幼儿开展哪种体育活动，都必须做到以身作则，并根据幼儿的身心特点。幼儿教师不仅要会做各种动作，而且要求教师表现性强，特别是动作的准确性、模仿性、优美感等，通过幼儿教师的形体来引发幼儿的思维、想象、模仿及活动的能力，培养幼儿对体育活动的热爱。为此，幼儿教师在组织幼儿开展活动前，都要认真地备课，掌握课上的每一个细小环节，把握好自己的行为，只有这样才能取得良好的教育活动效果。

在活动中，要不断地给幼儿的活动进行必要的评价，这种评价是以鼓励为主，要看到每一位幼儿的进步，评价的结果是让幼儿更加的喜欢体育活动，鼓励的结果使幼儿的性格开朗，愿意同小伙伴们团结合作，友好地相处，对未来的生活充满幻想和希望。同时对存在的问

你知道吗？

幼儿基本体操包括很多内容，有徒手体操，如：徒手姿态操、健身操、韵律操、模仿操、游戏操等；还有轻器械体操，如：小皮球操、小哑铃操、小棍棒操、小红旗操等。这些基本体操都是幼儿非常喜欢的体操。在学习中，你一定要努力学习和掌握创编幼儿基本体操的理论知识与方法，毕业之后能为幼儿创编出更多、更好、更有趣的体操，来满足幼儿的要求。祝你学习成功！

健美操教程

知识窗

幼儿模仿操是一套徒手健身操，整套操的动作简单易学，是选用了幼儿非常喜欢的动物，如海鸥、大象等作为模仿对象，结合动物的特点。通过练习激发幼儿的学习兴趣，发展幼儿的想象力和模仿力，还可以进行随机教育，使幼儿了解更多的知识。

试一试

模仿小海鸥的动作时，可以先向幼儿介绍海鸥的特征，如让幼儿了解海鸥的生活环境、生活习性、动作特点等，这样使幼儿了解要模仿的动作，同时教师要以形象的示范来引导幼儿掌握动作。

知识窗

1. 认真备课熟练整套动作，并选好音乐。
2. 组织幼儿模仿有关动物的基本动作。
3. 活动中教师要以形象的动作带领幼儿。
4. 要以鼓励、表扬的形式进行评价。

题则应以好的幼儿表现来诱导和教育为主，万万不可进行成人化的教育或批评，这对幼儿的身心发展不利，会给幼儿造成终身的心理障碍，也给幼儿将来一生的学习和生活带来负面影响。

第二节　幼儿健美操成套动作介绍

一、幼儿模仿操

（一）伸展运动：4×8拍（模仿海鸥飞）

● 第一个八拍动作

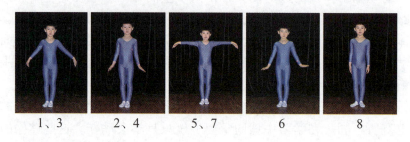

1、3　　2、4　　5、7　　6　　8

1 两腿直立，两臂侧摆45度提腕。
2 两臂摆至体侧同时压腕。
3 同1动作。
4 同2动作。
5 两臂摆至侧平举，同时提腕。
6 同2动作。
7 同5动作。
8 两臂还原体侧。

● 第二个八拍同第一个八拍动作

● 第三个八拍动作

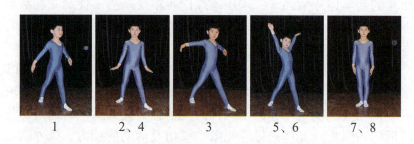

1　　2、4　　3　　5、6　　7、8

1 左脚向前进一步身体左转45度，同时两臂侧摆45度提腕。
2 两臂还原体侧，同时压腕。
3 两臂体侧摆至侧平举，同时提腕。
4 同2动作。
5—6 两臂侧上举，同时提腕。
7—8 收回左脚，还原直立。

● 第四个八拍同第三个八拍动作，但方向相反

（二）头部运动：4×8拍（模仿小鸭子）

● 第一个八拍动作

　　1　　　2、4　　　3　　　5、7　　　6　　　8

1—2 两腿稍屈，同时两侧后举翘手指，上体前屈一次。
3 头向后屈。
4 同2动作。
5 两臂前伸，击掌一次。
6 掌根相靠。
7 同5动作，再击掌一次。
8 两臂还原体侧。

● 第二个八拍同第一个八拍动作

● 第三个八拍动作

　　1—2　　3—4　　5、7　　　6　　　8

1—2 左脚侧出一步，同时两腿稍屈膝，两手叉腰，头向左屈。
3—4 左脚收回还原直立，同时两臂还原，头摆正。
5—7 左脚开始踏三步，同时两臂侧下举（翘指），头向左右屈三次。
8 还原成直立。

● 第四个八拍同第三个八拍动作，但方向相反

（三）胸部运动：4×8拍（模仿小花猫）

● 第一个八拍动作

　　1—2　　　3—4　　　5—6　　　7—8

1—2 两腿并拢屈膝，同时左臂胸前屈五指分开掌心外翻扩胸一次，右手叉腰。
3—4 两腿立直，同时两臂还原。
5—6 左腿前伸脚跟着地，同时右腿屈膝，两臂胸前屈五指分开，掌心向里外拉扩胸一次。
7—8 收回左腿，同时两臂还原体侧。

● 第二个八拍同第一个八拍动作，但方向相反

试一试

在做这节操之前，请你联想一下小鸭子都有哪些特点，并结合小鸭子的动作进行模仿。

告诉你

在模仿手臂动作时，要注意结合小鸭子的特点和它的生活习性，以及手腕关节的灵活性。

问一问

如果让你创编一节扩胸的模仿动作，你会选择模仿哪种动物呢？你打算怎么创编呢？

健美操教程

告诉你

在练习过程中，教师要注意随时提醒和纠正幼儿身体正确动作姿势的形成与培养。

观察与学习

教师在教幼儿做操的过程中，要根据幼儿的身心特点，设计好练习计划，每一次活动的时间不宜过长，要始终观察幼儿的活动情绪、身体状况等，避免身心疲劳。练习的密度、练习数量、时间等要安排合理，使幼儿始终保持充沛的精力和体力完成活动的内容。

● 第三个八拍动作

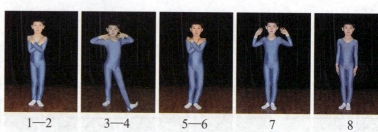

1—2　3—4　5—6　7　8

1—2 两腿屈膝下蹲，同时两臂胸前交叉手触肩。
3—4 左腿侧伸脚跟着地，同时右腿稍屈膝，两臂肩侧屈（五指分开），掌心向外侧拉扩胸一次。
5—6 左腿收回，同 1—2 动作。
7 两腿直立，同时两臂肩侧屈，五指分开掌心向里外拉扩胸一次。
8 两臂经侧还原。

● 第四个八拍同第三个八拍动作，但方向相反

（四）体侧运动：4×8拍（模仿木头人）

● 第一个八拍动作

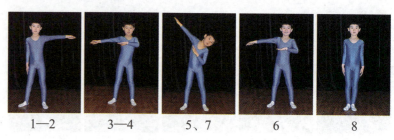

1—2　3—4　5、7　6　8

1—2 左脚侧出一步，同时左臂侧平举。
3—4 收回左脚，同时左臂胸前平屈，右臂侧平举掌心向下。
5 左脚侧出一步，同时上体向左侧屈（头左屈）。
6 上体摆正。
7 同 5 动作。
8 收回左脚，同时两臂还原。

● 第二个八拍同第一个八拍动作，但方向相反

● 第三个八拍动作

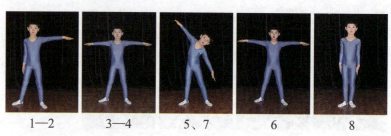

1—2　3—4　5、7　6　8

1—2 左脚侧出一步，同时左臂侧平举掌心向下。
3—4 右臂侧平举，掌心向下。
5 上体向左侧屈（头左屈）。
6 上体摆正。
7 同 5 动作。
8 左脚收回，还原成直立。

● 第四个八拍同第三个八拍动作，但方向相反

（五）体转运动：4×8拍（模仿打枪、望远镜）

- 第一个八拍动作

1—3　　　　2　　　　4　　　　5、6　　　　7　　　　8

1 左脚侧出一步，同时两臂胸前平屈。
2 上体左转90度。
3 上体转正。
4 左脚收回，还原成直立。
5—6 左脚侧出一步，同时右手握拳肩前立屈（手做打枪姿势）。
7 上体向左转，同时右臂前伸。
8 左脚收回，还原成直立。

- 第二个八拍同第一个八拍动作，但方向相反

- 第三个八拍动作

1、3　　　2　　　　4　　　　5　　　　6　　　　7　　　　8

1 左脚向左侧出一步两臂胸前平屈。
2 左脚侧出一步，同时上体左转。
3 同1动作。
4 左脚收回，还原成直立。
5 两手提起，模仿望远镜的动作。
6 左脚侧出一步，同时上体左转。
7 上体向左继续转体。
8 左脚收回，还原成直立。

- 第四个八拍同第三个八拍动作，但方向相反

（六）腹背运动：4×8拍（模仿幼儿戏水）

- 第一个八拍动作

1—2　　　　3—4　　　　5—6　　　　7—8

1—2 左脚侧出一步，同时两臂上举掌心相对。
3—4 上体前屈，同时两臂下伸（掌心向后）。
5—6 两臂腹前交叉打开一次，同时身体上下振动一次。

想一想

在模仿体转运动时，你还应渗透团结、友爱、和平的品德教育，同时要注意转体时两脚不要离地，上体尽量转动。

观察与学习

模仿操是幼儿模仿一些较为形象化的动作，它能发展幼儿身体各部位肌体的小肌肉力量，它生动形象，非常有趣，能激发幼儿的学习兴趣，幼儿掌握起来会很容易，还可以有很多种形式，例如：模仿小动物、模仿劳动中的人们、模仿为国争光的运动员、模仿生活中的人们、模仿军人等诸多方面。

健美操教程

你知道吗？

如何选择幼儿活动场地？
1. 首先地面要平整，没有障碍物，例如小石头等，一定要保证安全。
2. 幼儿都应在教师的视线内，幼儿也应能看到老师。
3. 还应避免风和阳光等外界环境对幼儿学习的影响。场地要宽敞，绿化环境要好。

7—8 上体直立，成还原姿势。

● 第二个八拍同第一个八拍动作，但方向相反

● 第三个八拍动作

1—2　　　3—4　　　5—6　　　7—8

1—2 左脚侧出一步，同时两臂上举头上交叉。
3—4 两臂腹前交叉打开一次，同时身体上下振动一次。
5—6 两臂左腿前交叉打开一次。
7—8 左腿收回，上体直立，成还原姿势。

● 第四个八拍同第三个八拍动作，但方向相反

（七）全身运动：4×8拍（模仿大象）

● 第一个八拍动作

1—2　　3—4　　5　　6　　7　　8

1—2 左脚侧出一步，同时左手扶右肩。
3—4 右脚侧出一步，同时右手扶左肩。
5 上体前屈，同时两手指交叉，下伸向左摆动。
6 两臂向右摆动。
7 两腿屈膝下蹲，同时两臂摆至胸前立屈。
8 左脚收回，还原成直立。

● 第二个八拍同第一个八拍动作，但方向相反

● 第三个八拍动作

1—2　　　3—4　　　5—6　　　7—8

1—2 两腿直立，两臂上举头上击掌。
3—4 左脚向前出一步成弓步，同时两臂侧后摆，眼看左方。
5—6 两腿收回直立，两臂前摆至胸前立屈（握拳）。
7—8 左脚收回，还原成直立。

● 第四个八拍同第三个八拍动作，但方向相反

据有关资料，在活动时幼儿的心血管中的血液流量增大，血管的弹性和伸缩的能力加大，肌纤维变粗，心脏搏动有力，每搏输出量增加，心脏的储备功能和调节功能都会增加，还能使幼儿的肺泡增多，提高肺脏的弹性。

（八）跳跃运动：4×8拍（模仿小鱼摆尾）

- 第一个八个拍动作

　　1—4　　　　5—7　　　　8

1—4 两腿并拢稍屈膝原地向左跳转90度，同时两手叉腰。
5—7 原地稍屈膝再向左跳转90度，同时两臂侧后举手做小鱼摆尾动作三次。
8 跳成直立。

- 第二个八拍同第一个八拍动作

- 第三、四个八拍同第一、二个八拍动作，但方向相反

（九）整理运动：4×8拍（模仿小鸟飞）

- 第一个八拍动作

　1、3　　　2　　　　4　　　5—6　　　7—8

1—4 左脚开始向左侧走四步，同时两臂前后摆动。
5—6 两臂摆至侧上举，并做吸气。
7—8 两臂侧摆至体侧，并做呼气。

- 第二个八拍同第一个八拍动作，但方向相反

- 第三、四个八拍动作同第一个、二个八拍动作，但方向相反

（十）小结

1. 学习前先了解有关幼儿的实际情况，认真备好整套操的动作及细节，能形象地、自如地、规范地在音乐的伴奏下完成整套动作。
2. 组织幼儿模仿操中的典型动作（比如：模仿海鸥的飞、模仿小鸭子的走、模仿小鱼摆尾等），在幼儿的脑海中建立对动物的印象。
3. 在活动中不能求快，要注意照顾每一个幼儿的活动情况，特别是对反应较慢的幼儿，使幼儿都能在教师引导下学会动作。
4. 在活动中，不能要求幼儿的动作像成人化的动作那样规范和标准，要不断鼓励和激发幼儿的学习兴趣，让幼儿积极地思维和想象，充分发挥他们的想象力，并进行及时的评价。
5. 待动作教完并熟练后，再选择适合本套操节奏的音乐配合练习。

二、幼儿卡通操

幼儿卡通操是根据幼儿的身心特点所创编的一套有趣的节奏操。本

告诉你

教师应教会幼儿正确的跳跃动作，落地要轻，要有屈膝缓冲，应选择在沙地、草地、塑胶地上做。坚硬的地面不适宜做跳跃动作。

易犯错误纠正方法

1. 对动物的了解不够，模仿的动作就不像。
2. 教师要多启发引导所要模仿的动物，有条件的可去动物园参观以加深印象。
3. 单个动作不熟练，就进行整套动作练习，造成动作混乱。
4. 要多采用累进教学法，待动作熟练后，再进行成套动作和配音乐的完整动作练习。

健美操教程
Jian mei cao jiao cheng

试一试

幼儿卡通操具有很鲜明的节奏特点，做起来会感到非常有趣，幼儿会很感兴趣。如果你有好的音乐来伴奏，那么可以向大家介绍一下，看看效果如何。赶快试试吧！

在做整套操的过程中，你的上下肢，特别是两臂的动作要始终保持紧张，手指用力，仿佛你是一个木头人。健美操的基本手型，是最容易做到的，但最难的是动作的保持，你能做得到吗？在体验的过程中，有什么感觉？请你在教幼儿的过程中，要不断地提示幼儿的控制力，但不能强求。

套操共有七节动作，整套动作简单易学贴近幼儿，突出上肢的控制力。通过练习，培养幼儿的节奏感、韵律感，同时加强组织纪律，控制自己行为的能力。下面介绍动作方法。

（一）上肢运动：2×8拍

● 第一个八拍动作

1　2　3　哒　4

1 左脚侧出一步，同时两臂胸前平屈。
2 两臂肩侧屈（掌心相对）。
3 两臂侧上举。
哒 两臂侧平举（掌心向下）。
4 左腿收回，同时两臂还原体侧。
5—8 同 1—4 动作，但方向相反。

● 第二个八拍同第一个八拍动作，但方向相反

（二）四肢运动：2×8拍

● 第一个八拍动作

1　2　3　哒　4

1 左臂前平举（立掌）。
2 两腿稍屈膝下蹲。
3 两腿直立，同时左臂肩侧屈，右臂侧平举（头右转）。
哒 两腿稍屈膝，同时左臂侧平举，右臂肩侧屈。
4 两腿直立，同时两臂还原体侧。
5—8 同 1—4 动作，但方向相反。

● 第二个八拍同第一个八拍动作，但方向相反

（三）踢腿运动：2×8拍

● 第一个八拍动作

1　2　3　哒　4

1 左腿前踢，同时左臂侧平举，右臂前平举。
2 还原成直立。

3 左腿侧踢，同时左臂前平举，右臂侧平举。
哒 两腿稍屈膝下蹲，同时两手背后。
4 两腿直立，同时两臂还原体侧。
5—8 同 1—4 动作，但方向相反。

- 第二个八拍同第一个八拍动作，但方向相反

（四）体侧运动：2×8拍

- 第一个八拍动作

1   2   3   哒   4

1 左脚侧出一步，同时左臂肩侧屈。
2 右臂肩侧屈。
3 两臂侧平举。
哒 上体向左屈，同时左臂胸前平屈。
4 左腿收回，同时两臂还原体侧。
5—8 同 1—4 动作，但方向相反。

- 第二个八拍同第一个八拍动作，但方向相反

（五）体转运动：2×8拍

- 第一个八拍动作

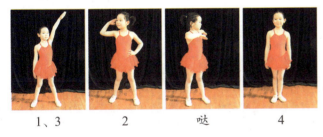

1、3   2   哒   4

1 左腿侧出一步，同时左臂侧绕环。
2 左手叉腰，同时右臂肩侧屈（头右转45度）。
3 同 1 动作。
哒 身体向左转体，同时左臂侧平举，右臂胸前平屈。
4 左腿收回直立，同时两臂还原体侧。
5—8 同 1—4 动作，但方向相反。

- 第二个八拍同第一个八拍动作，但方向相反

（六）腹背运动：2×8拍

- 第一个八拍动作

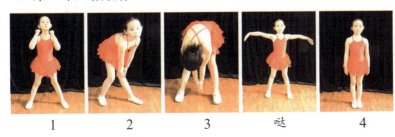

1   2   3   哒   4

知识窗

运动后，不宜过多饮水，因为身体各个器官活动速度加快，并且会出很多汗，排出了大量的水分，这时，幼儿会感到口渴，需要补充水分，请教师们注意掌握适当的饮水量，一定要做到"多次饮水，每次少量"。这样才有益于健康。

动作提示

体侧运动腿分大；
上体不动左右屈；
两臂姿态造好型；
看谁像个木头人。

观察与学习

在做每一节动作时，都应注意幼儿身体正确姿态的形成与培养。正确的身体姿势，对促进幼儿骨骼的良好发育和呼吸系统、循环系统的机能都有积极的影响。因此，在组织幼儿基本体操活动中，教师要随时注意调整幼儿正确身体姿态的形成，使幼儿能通过活动培养正确的身体姿态。

告诉你

每天都应给幼儿摄取一定量的蔬菜、水果、豆类、蛋类、肉类,并进行合理搭配,确保幼儿每天充足的饮水量及营养。牛奶是必不可少的,这样才能保证幼儿一天活动中营养需求。

1 左脚侧出一步,同时两臂胸前立屈(握拳)。
2 上体前屈,同时两臂下伸,手触左腿。
3 两手触地。
哒 上体直立,同时两臂侧平举。
4 还原成直立。
5—8 同 1—4 动作,但方向相反。

● 第二个八拍同第一个八拍动作,但方向相反

(七) 跳跃运动:4×8 拍

● 第一个八拍动作

　　1、3　　　　2　　　　4　　　　5、7　　　　6　　　　哒　　　　8

1 跳成开立,同时两臂侧平举。
2 跳成并立,同时左臂上举(头向右转)。
3—4 同 1—2 动作,但方向相反。
5 左腿前踢,同时两臂前平举(掌心相对)。
6 跳成直立,同时两臂上举。
7 同 5 动作,但方向相反。
哒 跳成开立,同时两臂侧平举。
8 跳成还原直立。

● 第二个八拍同第一个八拍动作,但方向相反

● 第三、四个八拍同第一、二个八拍动作

(八) 小结

想一想

跳跃运动需要有节奏的呼吸,合理科学的呼吸方法能使你完成高质量的跳跃动作,你是怎样呼吸的?能向大家介绍一下吗?

学习卡通操结束了,在学习的过程中,你发现和体验到了什么?本套操与其他的幼儿基本体操有什么不同?你有什么感受?通过学习,对你身体动作的控制、节奏的培养和协调能力、反应能力及职业能力的培养有什么帮助?特别是对你心理素质的提高、表现力的培养等综合能力都有哪些影响?你一定会有收获吧!你能进行自我评价吗?请你同伙伴们一起探讨和研究并相互评价。

三、幼儿毛毛球操

毛毛球活动操是用一种编织绳制作而成的一种轻器械。在幼儿手持毛毛球做操的过程中激发幼儿小肌肉群力量及幼儿手持毛毛球做操的能力。整套操包括头、颈、肩、肘、上肢、下肢、屈伸、绕环、踢腿、跳等。通过学习,培养幼儿的协调能力。这套操可以独立做,还可以以表演的形式出现,本套操共 10 大节,20 小节动作,具体方法如下。

试一试

呼吸方法	一跳一呼	两跳一呼	自然呼吸
判断			

请你将你的选择用"√"的形式,填入空格内。

（一）准备运动：6×8 拍

● 第一个八拍动作

预备姿势　　1、3、5、7　　2、4、6、8

1—8 左脚开始踏步，双手持球，直臂摆臂。

● 第二个八拍同第一个八拍动作

● 第三个八拍动作

　　1—4　　　　5—6　　　　7—8

1—4 左脚开始踏步，同时两臂胸前平屈，两手持球抖动。
5—6 两脚原地不动，稍屈膝下蹲，同时两臂侧平举，两手持球抖动。
7—8 两腿直立起踵，同时两臂侧上举。

● 第四个八拍同第三个八拍动作，但方向相反

● 第五个八拍动作

　　1—4　　　　5—7　　　　6—8

1—4 两脚压脚跟弹动四次，同时两臂前平举两手向左绕球（一拍一动）。
5—7 两脚压脚跟再弹动三次，同时两臂前平举，两手击球三次。
8 还原成直立。

● 第六个八拍同第五个八拍动作，但方向相反

（二）伸展运动：4×8 拍

● 第一个八拍动作

　1　　　2、4　　　3　　　5—6　　　7—8

试一试

体验一下制作毛毛球的乐趣吧！
　准备的材料：尼龙绳
　绳的长度：20厘米
　绳的根数：50根
　系绳的方法：把50根绳子按顺序放好，用一根皮筋在50根绳的中间系好。把每根绳用针挑开。

你知道吗？

准备活动要做好哟！做好准备活动有助于提高运动能力，还可以减少出现运动损伤。

告诉你

教你一个小窍门：
　教幼儿做毛毛球操的过程中，老师要把规范、准确、漂亮的动作展示给幼儿，能激发他们的学习兴趣，在做毛毛球操的同时，使幼儿心理得到满足。

试一试

掌握动作以后，你的身体有什么感受？能不能有意识控制一下自己的身体姿态呢？你会很容易地掌握动作，还会做得更加准确，更加漂亮！

动作提示

向上提肩时上体直立，两肩用力上提，头、颈要自然，沉肩时两肩要放松。

知识窗

防止肥胖应从幼儿开始：给幼儿吃过多的肉和甜食，就会造成营养过盛，对幼儿没有任何好处，只能使幼儿一天天发胖。应让孩子合理饮食，最好睡前不要让幼儿吃东西，还要加强幼儿的体育锻炼。多进行体操方面的活动，有助于培养幼儿正确的姿态和良好的锻炼习惯，这样不仅能防止幼儿发胖，还能使幼儿对体育产生兴趣，培养幼儿良好的心理素质，使幼儿身心健康发展。

动作提示

请注意：做扩胸运动时两臂的动作应在胸前，上体要保持正直，由含胸到挺胸，不要挺肚子，两臂不要过分向后摆动，这样才能起到扩振胸的作用，请你在练习中体验。

1 重心后移，成后弓步，左脚跟着地，同时右腿稍屈膝，两臂摆至前平举，两手持球。
2 还原成直立。
3 左脚侧出一步，同时两臂侧平举，两手持球。
4 同 2 动作。
5—6 左腿后伸脚尖点地，同时重心移至右脚，两臂侧上举，两手持球抖动两次（眼看上方）。
7—8 还原成直立。

● 第二个八拍同第一个八拍动作，但方向相反

● 第三、四个八拍同第一、二个八拍动作，但方向相反

（三）肩部运动：2×8 拍

● 第一个八拍动作

1　　　　　2、4　　　　　3　　　　　5—8

1 左脚侧出一步，脚尖着地，左臂肩侧屈，右臂自然下垂，同时右侧头，双手持球。
2 还原成直立。
3 同 1 动作，但方向相反。
4 同 2 动作。
5—8 左脚原地不动，右脚向右侧出一步成弓步，同时右臂直臂持球耸肩两次（两拍一动）。

● 第二个八拍同一个八拍动作，但方向相反

（四）上肢运动：2×8 拍

● 第一个八拍动作

1　　　　　2、4　　　　　3　　　　　5—8

1 身体直立，左臂前平举，两手持球。
2 还原成直立。
3 两腿稍屈膝下蹲，同时左臂侧上举，右臂自然下垂，两手持球。
4 同 2 动作。
5—8 两脚压脚跟弹动四次，同时双手持球前平举，上下屈伸四次（眼看前方）。

● 第二个八拍同第一个八拍动作，但方向相反

（五）扩胸运动：2×8拍

● 第一个八拍动作

| 1 | 2 | 3—4 | 5—6 | 7—8 |

1—2 左脚开始踏步，同时两臂屈肘胸前击球两次。
3—4 两腿直立，同时两臂胸前平屈向外运动，扩胸一次。
5—6 左脚向前迈一步成前弓步，同时两臂侧平举，向后振胸两次。
7—8 两臂经前还原成直立。

● 第二个八拍同第一个八拍动作，但方向相反

（六）体侧运动：2×8拍

● 第一个八拍动作

| 1—3 | 4、6 | 5、7 | 8 |

1—3 身体直立压脚跟弹动三次，同时两臂侧平举两手持球上下抖动。
4 左脚侧出一步，同时左臂肩侧屈手至头后，右臂体侧屈手至体后。
5 上体向右侧屈。
6—7 同 4—5 动作。
8 还原成直立。

● 第二个八拍动作

| 1 | 2 | 3—4 | 5—6 | 7—8 |

1 左脚踏一步，同时右手持球击左肩一次。
2 同 1 动作，但方向相反。
3—4 左脚侧出一步，同时两臂经下摆至侧平举。
5—6 上体向右侧屈。
7—8 还原成直立。

请你判断

左右转动	左右屈	前后倾斜

请把你的判断用画 "√" 的形式填入表格内。

知识窗

认识营养的合理搭配：
合理的饮食组合是幼儿日常饮食的依据。我们为了使幼儿从小有一个健康身体的基础就应重视饮食的合理搭配，而不能盲目给幼儿节食。

合理饮食原则：
少吃高脂肪，胆固醇多的食物；
少吃高热量食品；
注意适量盐分的摄取；
多吃五谷杂粮；
勿过量摄取蛋白质。

动作提示

体转运动时请小朋友脚后跟不要离地，这样才有锻炼效果哟！

第四章 幼儿健美操

问一问

做球操练习时你持球的方法对吗?球与动作的衔接连贯自如吗?你觉得这几节动作难吗?你有好的学习方法吗?请你同小朋友们一起体验、研究和评价吧!

动作提示

当你做到全蹲运动时,最好将身体像球一样团起来,要做到低头含胸,效果才能更好。

在做跳跃运动时,你可以变化出多种多样的形式。你敢试一试吗?做动作时可以前后排交换位置,但球摆动时的力量要大一些(手腕),尽量做到整齐划一,你就会发现有不一样的效果,这样表演起来动作才漂亮好看。请你与小朋友们一起体验吧!

(七)体转运动:4×8拍

● 第一个八拍动作

1—2　　　　3—4　　　　5—6　　　　7—8

1—2 两臂胸前平屈,两手持球胸前平屈,向外交替绕环。
3—4 左脚侧出一步,同时两臂肩侧屈。
5—7 两臂胸前平屈,同时身体向左后方振动两次。
8 还原成直立。

● 第二个八拍动作

1、3　　　　2、4　　　　5、6　　　　7、8

1 左脚侧出一步,同时两臂前平举。
2 两腿稍屈膝下蹲,同时两臂胸前立屈。
3—4 同 1—2 动作。
5—6 左脚侧出一步,同时身体向左转体90度,两臂侧上举。
7—8 还原成直立。

● 第三、四个八拍同第一、二个八拍动作,但方向相反

(八)腹背运动:4×8拍

● 第一个八拍动作

1—2　　　　3—4　　　　5—7　　　　8

1—2 两臂经体前交叉向上摆至侧上举。
3—4 两腿稍屈膝下蹲,同时两臂头上交叉向下摆至侧下举。
5—7 两球敲击小腿外侧三次。
8 还原成直立。

● 第二个八拍动作

1　　　　3—4　　　　5—7　　　　8

1—2 两臂经体前交叉向上摆至侧上举。
3—4 左脚向前一步成弓步，同时两臂头上交叉向下摆至侧下举。
5—7 两球在左腿下方敲击三次。
8 还原成直立。

- 第三、四个八拍同第一、二个八拍动作，但方向相反

（九）踢腿运动：2×8拍

- 第一个八拍动作

   1   2   3   4   5   6   7   8

1 跳成左腿屈膝抬起90度，同时左手持球叉腰，右手持球敲击左膝一次。
2 跳成直立，同时右手还原。
3—4 同 1—2 动作，但方向相反。
5 跳成左腿前踢，同时两手叉腰。
6 跳成直立。
7—8 同 5—6 动作，但方向相反。

- 第二个八拍同第一个八拍动作，但方向相反

（十）跳跃运动：4×8拍

- 第一个八拍动作

  1、3   2、4   5—7   8

1—2 右腿屈膝后踢腿跳一次，同时左臂肩侧屈，右臂侧平举。
3—4 同 1-2 动作，但方向相反。
5—7 原地屈膝后踢腿跳转360度，同时两臂侧上举抖动球三次。
8 还原成直立。

- 第二个八拍动作

  1、3   2   4   5—6   7—8

1—4 右腿开始稍屈膝，后踢腿跳一次同时两臂前平举，上下抖动球一次（一拍一动）。
5—6 跳成分腿开立，同时两臂体前交叉向上摆至侧上举。
7—8 跳成还原成直立。

- 第三、四个八拍同第一、二个八拍动作，但方向相反

第四章 幼儿健美操

想一想

教幼儿做这节动作时，可能会有一定的难度，没有关系，你要耐心指导、帮助、启发幼儿，不要着急，可以先教上肢动作，再教下肢动作，最后连接整个动作。

动作提示

跳的时候尽量不要让脚后跟着地，否则会对健康不利，落地的时候要轻，膝关节要有缓冲。

（十一）整理运动：4×8拍

● 第一个八拍动作

　1　　　2　　　3　　　4　　　5　　　6　　　7　　　8

1—3 左脚开始踏三步，同时左臂侧下举，右手持球，分别敲击肩、肘、腕部各一次。
4 右脚踏一步，同时两臂还原体侧。
5—8 同 1—4 动作，但方向相反。

● 第二个八拍动作

　1　　　2　　　3　　　4　　　5、7　　6、8

1 左脚开始踏一步，同时右臂胸前屈，球击左肩一次。
2 同 1 动作，但方向相反。
3 左脚踏一步，同时左手击左腰部一次。
4 同 3 动作，但方向相反。
5—6 左脚开始踏两步，同时两手敲击腿外侧两次。
7—8 左脚开始踏两步，同时两臂前后摆动。

● 第三、四个八拍同第一、二个八拍动作，但方向相反

（十二）小结

试一试

整理运动时，速度要放慢，加深呼吸，使运动量下降，脉搏逐渐恢复正常，你能做到吗？

音乐节奏

给你提供完整和分节的音乐，请你选择！

毛毛球　总音乐

1=E 4/4 中速

（乐谱）

1. 首先选好练习的对象（大、中、小班），明确练习的目的（健身、表演、比赛）。
2. 其次制作毛毛球，制作的球要坚固、耐用、颜色鲜艳，特别是球端的松紧带要适合幼儿使用（长短）。
3. 教动作时，先让幼儿学会徒手动作，再进行熟悉巩固动作的练习，然后让幼儿持毛毛球做基本动作，熟悉毛毛球的特性，再逐节掌握动作，最后连接整套动作。
4. 待幼儿动作全部掌握后，再运用毛毛球，配合音乐进行完整动作练习。

易犯错误：

1. 基本动作较差，做动作很吃力，幼儿没兴趣。
2. 动作不熟，造成整套动作的混乱。
3. 对毛毛球的性能不熟，因此，掌握和控制球的动作很困难。

纠正方法：

1. 先教幼儿一些有关操的基本动作。细心教会幼儿每一节动作，熟练后进行成套动作的徒手练习，待动作熟练后再进行持球配音乐的练习。
2. 多让幼儿手持毛毛球做基本动作练习，一方面激发幼儿的学习兴趣，另一方面培养控制能力。

音乐选择：

毛毛球操应选择节奏鲜明、欢快流畅的音乐伴随，但整套音乐速度不宜过快，要根据幼儿的年龄特点（大、中、小班）来确定音乐的速度。左面介绍一段音乐供大家参考用，老师们在选择这段音乐时，可以根据活动的需要进行改编或创新。

（十三）评价

幼儿做操的评价不能像对小学生、中学生或大学生那样进行评价，这里的评价应是以鼓励和激发幼儿积极参与到毛毛球操的活动中，培养幼儿热爱体育，养成良好的体育锻炼习惯和良好的性格，发展思维力、想象力、模仿力以及同伙伴合作的能力。为此，下面的评价表是给幼儿教师在毛毛球操的活动中对幼儿进行参考性的评价。

毛毛球操学习评价表

标准＼内容	积极性	心理表现	合作情况
很好	能积极热情参与到毛毛球活动操中，热爱体育活动，并能积极表现自己。	性格开朗、活泼好动、喜欢表现、想象力丰富、思维开阔。	愿意与小朋友合作，有自己的鉴赏力，能很好地配合老师和伙伴，完成做操任务。
好	愿意参加毛毛球操的活动，在老师的启发帮助下愿意表现自己。	通过练习性格改变了许多，愿意表现自己。	毛毛球操的活动给自己创造了合作的机会，能同小朋友们一起学习。
有进步	通过学习，在各方面都有了一定的进步，能参加活动。	通过学习，心理素质有所提高，特别是外在的表现。	通过学习，愿意和他人合作并能接受他人的意见。
一般	在帮助下能参与活动。	学习后心理表现不明显。	在启发教育下能与伙伴一起活动。

音乐节奏

毛毛球 （分音乐）

一、准备运动：

1=E 4/4

3 5 1 1 3 | 2 4 3 3 5 |
3 5 1 1 2 | 5 2 3 2 1 |
5 5 3 3 5 3 1 | 1 3 6 5 |
5 5 3 3 5 3 1 | 2 4 3 1 |
5. 6 5. 6 5. 3 1 | 2. 3 4 5. 5 3 |
5. 6 5. 6 5. 3 1 | 2. 4 3 2 1 1 |

二、伸展运动：

1=E 4/4

1 1 5 3 1 | 1 3 5 5 3 1 |
2 3 4 4 2 3 | 2 3 2 5 1 1 |

三、头部运动：

1=E 4/4

5. 6 5 5 5. 6 5. 1 5 4 3 |
2. 3 4 2. 3 4 2. 4 3. 3 2 3 1 |

四、上肢运动：

1=E 4/4

3 - 5 1 | 2 4 3 5 |
5 - 3 1 | 2 4 3 1 |

五、扩胸运动：

1=E 4/4

5. 5 3 5 - | 1 - 5 - |
2. 3 4 4 - | 3 - 1 - |

六、体侧运动：

1=E 4/4

5 - 3 1 | 5 i 5 i |
2 2 2 - | 4 - 3 1 |

七、体转运动：

1=E 4/4

i i 6 5 - | 3 5 i |
2 3 4 2 - | 3 2 1 |

八、腹背运动：
1 = E $\frac{4}{4}$

$\dot{1}$ - 5 - |3 3 5 5 6 6 5 |
$\dot{1}$ - 5 - |4 4 3 3 2 3 1 |
$\dot{1}$ - 5 - |3 3 5 5 6 6 5 |
2 - 5 - |4 4 3 3 2．3 1 |

九、踢腿运动：
1 = E $\frac{4}{4}$

5．6 5 5．6 5 |$\dot{1}$．$\dot{1}$ 7 6 5．6 5 |
6．6 2 6．6 5 |2．5 4 3 2．3 1 |

十、跳跃运动：
1 = E $\frac{4}{4}$

5 5 6 5 5 $\dot{1}$ $\dot{1}$ 3 2 3 2 3 2 $\dot{1}$ 7 6 5 |
2 5 5 6 6 5 3 5 5 3 1 | 2 5 2 1 |

十一、整理运动：
1 = E $\frac{4}{4}$

5 3 5 3 |1 3 5 5 3 |
6 4 6 4 |2 2 5 5 3 5 |
5 3 5 3 |1 3 5 5 3 |
6 4 6 4 |2 2 5 5 3 1 |

问一问

你了解小旗操吗？
你做过小旗操吗？
你能创编小旗操吗？
你能制作小旗吗？

告诉你

告诉你：做小旗操的时候要特别注意动作的节奏，它的变化很多，主要是手持旗子面的方向，还有一些身体的转动等，都突出了动作的节奏特点，为此，给大家提供了一些音乐节奏的练习，使幼儿通过节奏的锻炼，熟悉动作，掌握动作，并提高动作，在此基础上才能够掌握成套的动作，让我们就先从节奏的练习开始吧！

四、幼儿小旗操

小旗操是幼儿双手持小旗进行的身体练习，整套操的动作简单，由一些基本的踏步、上下肢的动作及转体、队形的简单变化等组成，同时运用小旗的特点，采用一些摆动、举、绕和旗子面的变化，塑造了一些动作与队形的造型。通过练习，激发幼儿参与的兴趣，开发幼儿的想象力模仿力、还能进行相关的教育。使幼儿在练习过程中锻炼身体，互相友爱，健康地成长，下面介绍动作方法。

（一）组合一动作：8×8拍

● 第一个八拍动作

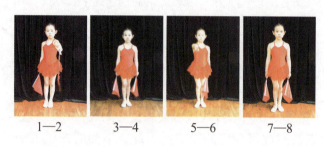

1—2　　3—4　　5—6　　7—8

1—2 两脚起踵，同时左手持旗前平举。
3—4 左臂还原。
5—8 同1—4动作，但方向相反。

● 第二个八拍动作

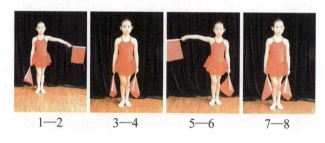

1—2　　3—4　　5—6　　7—8

1—2 左手持旗侧平举。
3—4 左臂还原。
5—8 同1—4动作，但方向相反。

● 第三个八拍动作

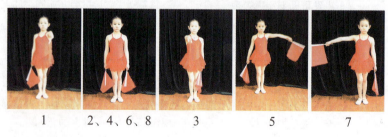

1　　2、4、6、8　　3　　5　　7

1 左臂前平举。
2 左臂还原。
3—4 同1—2动作，但方向相反。
5 左臂侧平举。
6 左臂还原。
7—8 同5—6动作，但方向相反。

● 第四个八拍动作

  1、5 2、4、6、8 3、7

1 两臂前平举。
2 两臂还原。
3 两臂侧平举。
4 还原成直立。
5—8 同 1—4 动作。

● 第五个八拍动作

 1—2 3—4 5—6 7—8

1—2 两腿直立压脚跟两次。
3—4 再压脚跟两次，同时头向左转。
5—8 同 1—4 动作，但方向相反。

● 第六个八拍动作

  1—4   5—6   7—8

1—4 左脚开始踏四步，同时左臂侧平举，右臂胸前平屈。
5—6 左臂上举，右臂前平举。
7—8 两臂还原体侧。

● 第七个八拍同第六个八拍动作，但方向相反

● 第八个八拍动作

  1—4   5—6   7—8

1—4 左脚向侧一步，同时两臂体前交叉四次。
5—6 两腿稍屈膝下蹲，同时两臂侧平举。
7—8 还原成直立。

第四章 幼儿健美操

音乐节奏

小旗操　（节奏谱）
组合（1） $\frac{4}{4}$

x o x o | x o x o |

x o x o | x o x o |

x x x x | x x x x |

x x x x | x x x x |

x o x o x - | x - x - |

x x x x x x x | x - - - |

x x x x x x | x - - - |

x o x o x o x o | x - x - |

观察与学习

  第一个组合动作简单易学，它是整套操的开始部分，因此要做得舒展、大方，同时小旗面的控制要准确，虽然动作简单易学，但也很容易忘记，特别是动作顺序，请你在练习中注意观察动作的规律和掌握动作的方法。

动作提示

  压脚跟动作要注意脚跟尽量不要着地，要有弹性，同时身体要保持正直。左右转头时，颈部要放松。

  做两臂的摆动时，要控制好小旗面和点的位置，同时要注意动作的一拍到位。

（二）组合二动作：6×8拍

● 第一个八拍动作

1、3　　　2　　　4　　　5、7　　　6　　　8

1 左腿侧伸脚跟着地，同时右腿屈膝，左臂侧下举，右臂胸前立屈。
2 左臂胸前立屈，右臂侧下摆。
3 同1动作。
4 还原成直立。
5 两臂胸前立屈。
6 两臂前平举。
7 同5动作。
8 还原成直立。

● 第二个八拍动作

1—2　　　3　　　4　　　5—6　　　7—8

1—2 左脚向侧出一步成弓步，同时左腿稍屈膝，左臂侧上举，右手背后。
3 左臂胸前平屈，右手背后。
4 左臂侧上举。
5—6 重心后移，同时左手背后，右臂侧上举。
7—8 还原成直立。

● 第三、四八拍动作同第一、二个八拍，但方向相反

● 第五个八拍动作

1—2　　　3—4　　　5—8

1—2 两腿下蹲，同时两臂侧下举，眼看左斜下方。
3—4 左脚开始小碎步向左移动，头左屈。
5 左脚踏一步，同时左臂侧平举，右臂胸前平屈。
6 同5动作，但方向相反。
7—8 同5—6动作，但方向相反。

● 第六个八拍动作同第五个八拍动作，但方向相反

（三）组合三动作：6×8拍

● 第一个八拍动作

　　1—4　　　　5—8

1—4 身体向左转体90度，同时左脚开始跑跳步，左臂侧平举，右臂自然下垂。
5—8 同1—4动作，但方向相反。

● 第二个八拍动作同第一个八拍动作，但方向相反

● 第三个八拍动作

　1　　　2、4　　　3　　　5　　　6　　　7　　　8

1 跳成左右分腿开立，同时左臂侧平举。
2 跳成并立，同时左臂还原。
3—4 同1—2动作，但方向相反。
5 跳成左右分腿开立，同时左臂胸前平屈。
6 跳成并立，同时左臂侧平举。
7—8 同5—6动作，但方向相反。

● 第四个八拍动作

　1—3　　　4　　　5、7　　　8

1—3 身体面向2点，左脚开始向前后踢腿跑三次，同时两手背后。
4 跳成两腿并立，同时两腿稍屈膝。
5 向后小跳一步（两腿直立、抬头、挺胸、塌腰、提臀）。
6—7 同4—5动作。
8 还原成直立。

● 第五、六个八拍动作同第三、四个八拍动作，但方向相反

（四）组合四动作：8×8+3拍

● 第一个八拍动作

　1、3、5、7　　2、4、6、8

动作提示

做后踢腿跑跳动作时，要表现出轻松愉快，反映出合理的呼吸方法。

试一试

你体验到了吗？参加体育活动，特别是健美操的锻炼，可以给人带来快乐。这是因为在你运动的时候，体内消耗过多的能量，使身体和心理产生了快乐和满足。

1—8 左脚开始踏步，同时右臂前平举，手持小旗向外绕环。

● 第二个八拍动作同第一个八拍动作，但方向相反

● 第三个八拍动作

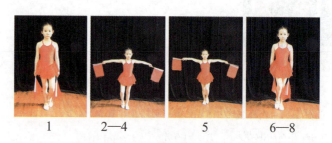

| 1 | 2—4 | 5 | 6—8 |

1—4 左脚开始踏四步，同时两臂缓缓摆至侧平举。
5—8 左脚开始再踏四步，同时两臂缓缓摆至体侧。

● 第四个八拍动作

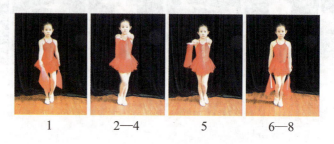

| 1 | 2—4 | 5 | 6—8 |

1—4 左脚开始踏四步，同时两臂缓缓摆至前平举。
5—8 左脚开始再踏四步，同时两臂缓缓摆至体侧。

● 第五、六、七、八个八拍动作同第一、二、三、四个八拍动作，但方向相反

（五）结束动作：3拍

1—3

1—3 两腿直立压脚跟三次。

（六）小结

做操时要注意动静结合，教师要掌握好活动的休息时间，在3—6岁这个年龄段，身心还处于发育中的阶段，不适宜长时间的活动，经过一定时间活动后，需要休息和调整，使身体机能得到恢复。整理动作，就可以起到放松、休息的作用，还能起到调节身体各部分肌肉群的放松，使身体不仅能得到锻炼还有益健康。

五、幼儿绳操

绳操是用普通的跳绳作为轻器械，通过绳的灵活运用，以多种形式使用跳绳。如：把跳绳对折、绕绳，把绳打开等练习，发展幼儿各部位小肌肉力量，开发思维，培养观察力及手持跳绳做操的能力，同时还可以减轻肥胖儿的体重，拥有好的体格，体验活动的快乐。在操练时可以双人、四人、组合的形式出现，根据需要请你大胆地体验与创新。

（一）组合一动作：4×8拍

● 第一个八拍动作

1—2　两手持绳于体前。
3—4　两臂前平举。
5—6　两臂上举。
7—8　同 1—2 动作。

● 第二个八拍动作

1—2　两手持绳于体前。
3—4　左脚向左一步成侧弓步，同时左手后背，右臂侧上举（手持跳绳把儿）。
5—6　两腿开立，同时两臂前平举（两手持绳两端）。
7—8　还原成直立。

● 第三个八拍同第四个八拍动作，但方向相反

（二）组合二动作：4×8拍

● 第一个八拍动作

1—2　左脚向左一步，同时两手持绳前平举。
3—4　两臂上举。
5—6　两臂前举左臂下、右臂上（将绳拉直）。

问一问

你做过轻器械操吗？
你用跳绳做过操吗？

告诉你

1. 练习前要做好充分的准备活动，特别是手脚腕的准备活动尤为重要。
2. 采用棉麻、塑料制成的跳绳均可。
3. 运动时要根据幼儿的具体情况来定。
4. 选择好场地，做操的场地范围要大，间隔距离要合理，避免抽到别人。

你知道吗？

由于跳绳没有弹性，因此，在教幼儿做绳操时要先教会幼儿用单手或双手持绳的方法。

健美操教程
Jian mei cao jiao cheng

音乐节奏

绳操的音乐应选择节奏鲜明、欢快的乐曲进行练习，但音乐的速度不宜过快。你还可以自己创作一些乐曲，或者用一些能出声响的物品作为乐器，配合绳操来体验自创音乐的乐趣！

动作提示

持绳左右摆动时，注意两臂的控制，尽量将绳向左右甩出。

问一问

你发现这套动作中绳的规律了吗？请你仔细观察，认真学习，并进行讨论，你们一定会发现的。

7—8 同 5—6 动作，但方向相反。

● 第二个八拍动作

1—2　　　3—4　　　5—6　　　7—8

1—2 左脚收回直立，同时两手持绳体前敲击两次。
3—4 左脚侧出一步，同时两臂胸前屈肘向外绕绳。
5—6 上体侧屈。
7—8 还原成直立。

● 第三、四个八拍同第一、二个八拍动作，但方向相反

（三）组合三动作：6×8 拍

● 第一个八拍动作

1—2　　　3—4　　　5—6　　　7—8

1—2 两手将绳至体前打开。
3—4 两臂向左摆动。
5—6 同 3—4 动作，但方向相反。
7—8 还原成直立，同时两手持绳自然下垂。

● 第二个八拍动作

1—6　　　7—8

1—6 左脚侧出一步，同时两腿碎步向左转体 360 度。
7—8 两手将绳对折横握至体前。

● 第三个八拍动作

1—4　　　5—8

1—4 左脚原地踏四步，同时两臂胸前平屈，将绳绕在左手腕上。
5—8 左脚向前一步成弓步，同时两臂胸前平屈。

- 第四、五、六个八拍同一、二、三个八拍动作，但方向相反

（四）组合四动作：4×8拍

- 第一个八拍动作

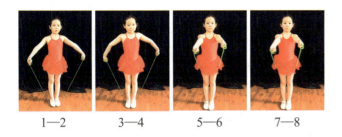

1—2 脚尖稍抬起，同时两臂向前绕绳至脚尖下方（仿跳绳动作）。
3—4 起踵，同时将绳从后向前绕过。
5—6 绕绳跳一次（做跳绳动作）。
7—8 同5—6动作。

- 第二个八拍动作

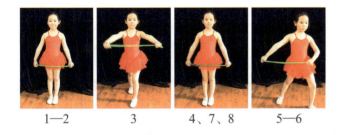

1—2 压脚跟两次，同时两臂至体前（将绳对折）。
3 左脚向前迈一步成弓步，同时两臂前平举。
4 还原成直立。
5—6 左脚侧出一步成侧弓步，同时两臂前举向右摆至左臂胸前平屈，右臂侧平举（将绳拉直）。
7—8 还原成直立。

- 第三、四个八拍同第一、二个八拍动作，但方向相反

（五）组合五动作：2×8拍

- 第一个八拍动作

1—7 左脚开始向前走，同时两臂胸前平屈，左手将绳绕至右手腕上。
8 还原成直立。

- 第二个八拍同第一个八拍动作

想一想

跳跃运动的节奏有几次变化？你喜欢哪一种呢？快的？慢的？还是快、慢结合的？

你知道吗？

随着社会的发展速度的加快，我们的生活也越来越好，与之相伴出现了"肥胖儿"现象，从而影响了幼儿的健康和生长发育。这就需要减肥了，每天适当控制饮食，再加上适当地运动，你会发现很快就会恢复正常的体形。

问一问

幼儿跳绳健身操学完了，在教与学的过程中，你的动作掌握得如何？特别是对绳的控制你能独立完成动作吗？你能在音乐的伴奏下，在同学们面前展示你的风采吗？你能对你的学习做一个科学的评价吗？

第四章 幼儿健美操

（六）小结

教学前先了解本套操的结构特点，如：由几部分组成，有几小节，每一部分动作的规律等。先让幼儿熟悉跳绳的一般方法，如摆动跳绳、环绕跳绳、对折跳绳等基本动作，为学习整套操打下基础。熟悉音乐节奏，让幼儿多听音乐，待幼儿熟练动作后再配合音乐进行练习。

教师要多启发、引导、示范等，帮助幼儿学会动作，也可以让幼儿相互学习、纠正和评价。

易犯错误与纠正方法：

1. 由于控制能力差，做动作不协调，无法进行练习。
2. 动作不熟练就配音乐练习，造成动作与音乐不合拍、不协调，掌握动作较难。
3. 先让幼儿多用跳绳，进行一般性的活动练习。
4. 教师要耐心教会幼儿每一节动作。
5. 待动作熟练后，进行分部分的动作练习，待动作掌握后，再进行音乐的配合练习。

绳操活动评价：

幼儿绳操活动是幼儿非常喜欢的运动，但要靠幼儿教师对这套操的深刻理解和整套操动作的熟练程度。教师通过认真的备课，加之活动方式的多样化，以熟练优美的动作造型，唤起幼儿对绳操学习的欲望。在活动中充分吸引和调动每一位幼儿的参与兴趣，培养他们良好的身体姿态和开朗的性格及手持跳绳做操的能力，满足他们活动的需要。活动结束时要给幼儿进行全面的评价，评价时先要以鼓励和表扬为主，用各种方法肯定幼儿的进步，使幼儿始终保持积极的学习态度。下面提供一个简单的评价标准供老师们参考。

六、幼儿小皮球健身操

小皮球健身操，是用一种很普遍的小皮球，通过练习，加上各种幼儿喜欢的动作，进行活动的体操。在练习中，球的大小要适宜，要根据有以下操的内容来选择，激发幼儿的学习兴趣，培养幼儿小肌肉群力量，同时要根据幼儿的年龄特点和动作的能力，进行选用和创新，也可按照书上提供的套路练习。本套操由上肢部分、髋部、下肢等，主要是以绕球、拍球、转球、抛球、传球、滚球、抱球的形式出现的。

（一）准备动作：4×8拍

● 第一个八拍动作

1—8

知识窗

由于社会的进步，生活水平的不断提高，家长爱子心切，给孩子吃过多的高营养食品，这样对孩子没有一点好处，只能会使孩子成为小胖子，造成负面影响。因此，我们幼儿教师在一日工作中，一定要争取机会，保证有两个小时的体育锻炼时间，来组织幼儿进行各种幼儿体操的活动。这样既能培养幼儿正确的身体姿态，又能加强幼儿身体素质的提高，还能避免肥胖儿童的增多。

你知道吗？

准备活动要做好啊！做好准备活动有助于提高运动能力，还可以减少或避免出现运动损伤事故。

1—8 左脚开始踏步，同时两臂胸前平屈，左臂下，右臂上，掌心相对双手持球。

● 第二个八拍动作

1—8

1—8 两腿直立压脚跟两次，两臂前平举分别向左右旋转。

● 第三个八拍动作

1—3　　　　4　　　　5、7　　　　6　　　　8

1—3 左脚侧出一步同时左手叉腰，右手拍球三次。
4 左脚收回，同时两手持球至体前。
5 两腿直立，同时两手持球前平举。
6 两臂胸前平屈。
7 两臂前伸至平举。
8 还原成直立。

● 第四、五、六个八拍同第一、二、三个八拍动作，但方向相反

（二）四肢动作：4×8拍

● 第一个八拍动作

1—2　　　3—4　　　5—6　　　7—8

1—2 左脚侧出一步直立，同时左腿稍屈膝向右顶髋两次，两手持球向左摆动两次。
3—4 右腿稍屈膝，左腿直立，同时向左顶髋两次，两手持球向右摆动两次。
5—6 左脚收回成直立，同时两臂经体前向上摆至胸前立屈抱球（球在两臂滚动至胸前）。
7—8 两腿稍屈膝，同时两臂下伸两手抱球。

● 第二个八拍动作

1—2　　　3—4　　　5—8

音乐节奏

如果小皮球健身操能在有音乐的伴奏下进行练习，就会感到更加的有趣，请你体验和选择下面的音乐。

小皮球健身操
一、准备部分：
1=D 2/4

5　3 | 5 5 3 | 3 1 5 4 | 3 - |

4 0 2 0 | 4 4 2 | 4 4 3 2 | 1 - |

5 5 6 6 | 5 6 5 | 3　1 | 6　5 |

4　4 | 3 2 3 | 2 2 3 4 | 5 - |

i 0 i 0 | 6 5 6 | 3 3 i 6 | 5 - |

2 2 6 6 | 5 6 5 | 4　3 | 2　1 |

试一试

如何能使球很好地转动于两手之间呢？

试一试

刚刚接触球的时候，也许会经常出现掉球的现象，不用着急。你可以体验以下方法：

1. 双手要将球持好。
2. 手持球时，五指用力将球抓紧。
3. 抛球时眼看球，注意接球的速度与时间。
4. 拍球时要用力，击球的上方。
5. 先了解一下整套动作。找到规律再逐节地学习，可以先掌握球的基本操作步骤，再学做下肢的动作，最后上、下肢一起做。反复练习，就会很熟悉了，以此类推每一部分都会很快掌握了，整套动作就这样学会了。

音乐节奏

第二部分：四肢动作

$1=D \frac{2}{4}$

$\underline{5\ 3}\ 5\ |\ \underline{5\ 6}\ 5\ |\ \dot{1}.\ \underline{6}\ |\ \underline{6\ 3}\ 5\ |$

$\dot{1}\ -\ |\ 6\ \ 5\ |\ \underline{22}\underline{44}\ |\ \underline{3\ 3}\ 5\ |$

$2\quad 5\ |\ \underline{4\ 3}\ 2\ |\ \underline{44}\underline{33}\ |\ \underline{2\ 3}\ 1\ |$

$\underline{5\ 3}\ 5\ |\ \underline{5\ 6}\ 5\ |\ \dot{1}.\ \underline{6}\ |\ 3\ 5\ |$

$\dot{1}\ -\ |\ 3\ 5\ |\ \underline{22}\underline{44}\ |\ \underline{3\ 3}\ 5\ |$

$4\quad 2\ |\ \underline{4\ 3}\ 2\ |\ \underline{55}\underline{43}\ |\ \underline{2\ 3}\ 1\ |$

想 一 想

抛球的时候一定要掌握好时间，球要抛正，自己要研究、多体验，摸索一些小的技巧，抛接球的准确性就会很高了。

问 一 问

你是怎样学习这套动作的呢？是一起研究，还是独立学习的呢？从中你学到了什么？

1—2 左脚侧出一步，同时两手向上抛球。
3—4 两手接球。
5—8 左脚开始向左走360度，同时两手持球在背后。

● 第三个八拍动作

1—2　　　3—4　　　5—7　　　8

1—2 左脚侧出一步成弓步，同时两手持球下举。
3—4 左手后背，右手体前持球。
5—7 右手拍球三次。
8 左脚收回直立，同时两手持球至体前。

● 第四、五、六个八拍同第一、二、三个八拍动作，但方向相反

（三）全身动作：6×8拍

● 第一个八拍动作

1—2　　　3—4　　　5—6

1—2 左脚侧出一步，同时两臂上举两手持球。
3—4 上体左前屈，同时两手持球下举。
5—6 两手持球敲击左腿两次。
7—8 敲击右腿两次（图略）。

● 第二个八拍动作

1—3　　　4、6、8　　　5、7

1—3 左脚收回身体直立，同时压脚跟三次，左手叉腰，右手持球。
4 两手体前持球。
5 两手持球摆至左肩上屈。
6 同4动作。
7 同5动作。

8还原成直立（图略）。

- 第三个八拍动作

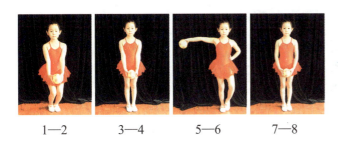

1—2　　　　3—4　　　　5—6　　　　7—8

1—2 两腿下蹲，同时两臂自然下垂（两手持球）。
3—4 两腿直立，同时两手体前持球。
5—6 左脚开始踏步，同时左手托球侧平举（头左转），左手叉腰。
7—8 左脚收回还原直立，同时两手持球至体前。

- 第四五六个八拍同第一二三个八拍动作，但方向相反

（四）跳跃动作：4×8拍

- 第一个八拍动作

1、3　　　　2、4　　　　5—6　　　　7—8

1—2 两脚向右后方小跳一次，同时两臂前平举。
3—4 再小跳一次，同时两臂还原。
5—8 同1—4动作。

- 第二个八拍动作

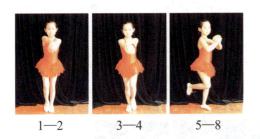

1—2　　　　3—4　　　　5—8

1—2 左脚左并步跳一次，同时两臂前平举向左旋转。
3—4 同1—2动作，但方向相反。
5—8 左脚后踢腿跳转360度，同时两臂胸前立屈。

- 第三四个八拍同第一二个八拍动作，但方向相反

音乐节奏

第三部分：全身动作

1 = D 2/4

5 - |5 - |1̲1̲3̲3̲ 5̲5̲3|

5̲0̲3̲0̲|1̲0̲3 |5 - |3 5|

2　4|2̲2̲4̲4̲ 3̲3̲5̲5̲|2　1|

5 - |5 - |1̲1̲3̲3̲ 5̲5̲3|

5̲0̲3̲0̲|1̲0̲3 |5 - |5 3|

4　2|4̲4̲2 |4̲4̲3̲3̲|2 3 1|

你知道吗？

幼儿活动形式

幼儿天真活泼，好动，表现欲望很强，也是生长发育的关键期，为了使尚未发育完全的器官，能正常地生长发育，作为幼儿教师，就应该经常教育和引导幼儿，进行一些体育活动，并创设一些情景，运用一些器械，激发幼儿参与兴趣，同时也能使幼儿的基本体操内容丰富多彩。

音乐节奏

第三部分：跳跃动作

1 = D 2/4

3̇.5̲ 5 |3̇.2̲ 1 |3̲1̲2̲3̲4̲ |

5̲6̲5̲ |2̇.3̲ 4 |3̇.2̲ 1 |

2̇.4̲ 3̇.2̲|1̲.3̲ 1 |3̇.5̲ 5 |

3̇.2̲ 1|3̲1̲2̲3̲4̲|5̲.6̲ 5|

2̲2̲3̲ 4̲|3̲3̲2̲ 1̲|

2̇.5̲ 4̲3̲|2̇.5̲ 1|

（五）整理动作：4×8 拍

● 第一个八拍动作

1、3、5、7　　2、4、6、8

1—4 左脚向前走四步，同时左手持球至腰间，右臂前后直摆。
5—8 左脚原地踏四步。

● 第二个八拍动作

1—8

1—8 左脚原地踏四步，同时两手持球体前向上缓缓摆起至上举。

● 第三个八拍同第二个八拍动作，但方向相反

● 第四个八拍同第一个八拍动作，但方向相反

七、幼儿哑铃健身操

小哑铃健身操是幼儿非常喜欢的活动之一，通过幼儿哑铃健身操的锻炼，不仅使幼儿对体育锻炼产生兴趣，而且还能培养幼儿良好的锻炼习惯，发展幼儿的身体素质和小肌肉群的力量，关节的灵活性以及手持小哑铃做健身操的基本控制能力，在锻炼中还能使小伙伴们一起学习活动，从而养成与他人合作的良好氛围，幼儿们从小就能够相互合作、相互团结、相互帮助还能够相互评价，学会学习的基本方法等，为今后的学习奠定基础。

（一）准备运动：4×8 拍

● 第一个八拍动作

预备姿势　　1、3、5、7　　2、6　　4、8

1 左脚向左侧出一步，同时双手持哑铃体前相击。
2 右脚并左脚，同时再相击一次。
3 同 1 动作。

4 右脚并左脚，同时两腿稍屈膝，两臂体后相击。
5—8 同 1—4 动作，但方向相反。

- 第二个八拍动作

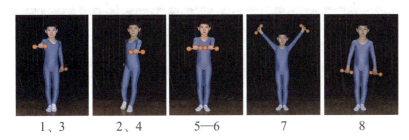

1、3　　2、4　　5—6　　7　　8

1—4 左脚开始踏四步，同时两臂前后直摆。
5—6 两脚直立压脚跟两次，同时两臂前平举，相击哑铃两次。
7 两腿直立起踵，同时两臂侧上举。
8 还原成直立。

- 第三四个八拍同第一、二个八拍动作，但方向相反。

（二）上肢运动：4×8 拍

- 第一个八拍动作

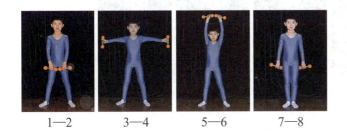

1—2　　3—4　　5—6　　7—8

1—2 左脚侧出一步，同时两臂体前相击两次。
3—4 压脚跟两次，同时两臂侧平举，手持哑铃向外转动两次。
5—6 两腿直立，同时两臂上举头上相击哑铃两次。
7—8 还原成直立。

- 第二个八拍动作

1　　2　　3—4　　5—6　　7—8

1 左脚踏一步，同时两手叉腰。
2 右脚踏一步，同时两手叉腰。
3—4 左脚开始踏两步，同时两臂肩侧屈哑铃击肩部两次。
5—6 左脚向前一步成弓步，同时两臂上举相击两次。
7—8 还原成直立。

- 第三四个八拍同第一二个八拍动作，但方向相反。

告 诉 你

学习前一定要做好准备活动，特别是手腕和脚腕的活动。最好是先进行徒手的动作练习。可以让幼儿互学、互练、互评，教师要热情地帮助幼儿掌握动作，并及时鼓励幼儿的进步，不断地激励幼儿的学习情趣，调动幼儿的兴趣，提高活动的质量，达到活动的目标。

试 一 试

从现在开始你要学习哑铃操了，刚刚接触哑铃操，你有什么打算？你将怎样进行学习？是用模仿练习法、重复练法、累进学习法还是有创新的方法？请你体验后回答！

动作提示

敲击哑铃时要轻，要注意避免敲击到手上或身体其他部位，造成对生活和学习的不利影响。

观察与学习

怎样才能很好地将头部和肩部结合起来练习呢？通过学习你就可以发现头部运动的关键是颈部放松，肩的提升也要做得轻松，哑铃击打肩时用力要轻。你还可以创编和改编出一些新动作。

（三）四肢运动：4×8拍

● 第一个八拍动作

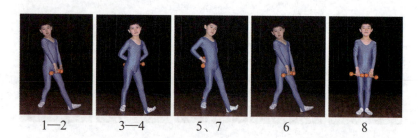

1—2 左腿侧伸脚跟着地，同时右腿稍屈膝，两臂前举相击哑铃两次。
3—4 两臂体后相击哑铃两次。
5 头向左屈。
6 头向右屈。
7 同5动作。
8 左脚收回，还原成直立。

● 第二个八拍动作

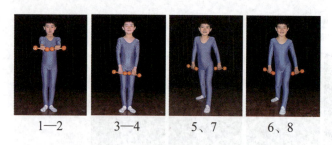

1—2 两腿屈膝弹动两次，同时两臂前举击哑铃两次。
3—4 还原成直立。
5 左腿向前一步成弓步，同时双肩上提。
6 两肩下沉。
7—8 同5—6动作。

● 第三四个八拍同第一二个八拍动作，但方向相反

（四）腹背运动：4×8拍

● 第一个八拍动作

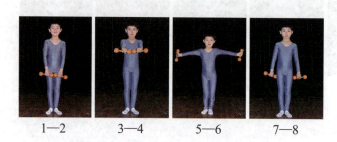

1—2 两腿直立压脚跟两次，同时体前相击哑铃两次。
3—4 再压脚跟两次，同时两臂前举相击哑铃两次。
5—6 两腿稍屈膝下蹲，同时两臂侧平举。
7—8 还原成直立。

想一想

这几节动作你是如何连接的？在学习中你发现它们有什么规律吗？你是怎样把这几节动作连贯起来的？你的思维有没有提前呢？

● 第二个八拍动作

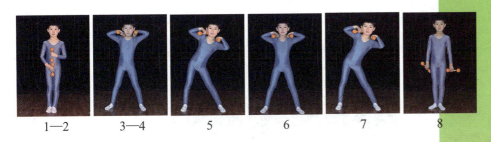

1—2 两腿稍屈膝弹动两次，同时两臂前平举，左手上右手下，相击哑铃两次。
3—4 左脚侧出一步，同时两臂肩侧屈（手触肩部）。
5 上体向左侧屈。
6 上体还原。
7 同5动作。
8 还原成直立。

● 第三、四个八拍同第一、二个八拍动作，但方向相反。

（五）全身运动：4×8拍

不给出图片，你能完成下面的动作吗：

● 第一个八拍动作

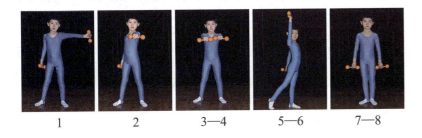

1 左脚侧出一步，同时左臂侧平举。
2 左臂前平举。
3—4 两臂体前相击哑铃两次。
5—6 上体左转90度，同时左臂下举、右臂上举向后振动两次。
7—8 还原成直立。

● 第二个八拍动作

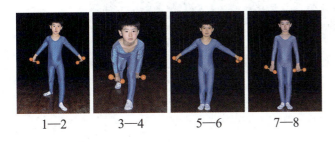

1—2 左脚向前一步成弓步，同时两臂侧下举。
3—4 两手在左腿下相击哑铃两次。
5—6 左腿收回稍屈膝，同时两臂侧下举。
7—8 还原成直立。

● 第三、四个八拍同第一、二个八拍动作，但方向相反。

动作提示

体侧运动，别忘了两腿要分得大一些，重心要保持在两腿之间，同时要注意良好的基本姿态，要收腹，上体直立，你注意到了吗？

想一想

在做体侧运动的时候，你觉得应该注意哪些呢？请你仔细体会一下。

上体右左倾	在一个平面上左右屈

请把你的判断用画"√"的形式填入表格内。

问一问

在做体转运动时，你认为怎样才是正确的体转姿势呢？

两脚离地	不离地

请把你的判断用画 "√" 的形式填入表格内。

试一试

以下有两种弓步的姿势，哪种是正确的？

一条腿弓步，另一条腿蹬直，全脚着地，上体直立。

一条腿弓步，另一条腿蹬直，脚尖着地。

（六）跳跃运动：4×8 拍

● 第一个八拍动作

1、3　　　　2、4　　　　5—8

1 跳成左右开立，同时两臂体前相击哑铃两次。
2 跳成还原直立。
3—4 同 1—2 动作。
5—8 左脚向左转体 360 度后踢腿跳，同时两手背后。

● 第二个八拍动作

1、3　　2、4　　5、6　　7　　8

1 左脚跳起，同时右腿后踢，左臂前右臂后摆动。
2 同 1 动作，但方向相反。
3—4 同 1—2 动作。
5—6 左脚开始后踢腿跳，同时两臂体前击哑铃两次。
7 左腿跳一次，同时右腿后踢，两手击左肩。
8 跳成还原直立。

● 第三、四个八拍同第一、二个八拍动作，但方向相反

（七）整理运动：4×8 拍

● 第一个八拍动作

1、3　　2、4　　5—6　　7—8

1—4 左脚开始踏四步，同时两臂前后直摆。
5—6 两腿稍屈膝，同时体前相击哑铃两次。
7—8 还原成直立。

● 第二个八拍动作

1、3　　2、4　　5—6　　7　　8

1—6 同第一个八拍的 1—6 动作。
7 两腿直立,同时左臂前摆、右臂后摆、身体稍向左转。
8 还原成直立。

- 第三、四个八拍同第一、二个八拍动作,但方向相反

(八) 评价

> 幼儿哑铃健身操学习评价,是要在幼儿掌握了全部动作后进行的评价,在评价动作全面掌握好坏的同时,更要重视幼儿在参与态度、活动兴趣、相互帮助和评价等方面,进行全面的评价,不能只看到个别幼儿的表现,要对全体幼儿进行评价,特别是对那些体质弱、性格内向、不爱和小朋友合作的个别幼儿,要多关心他们的参与活动,使他们能通过哑铃健身操的练习,改变不良的个性,能与伙伴合作,并能主动与他人交流,在幼儿园健康快乐地成长。

问一问

整套动作的学习结束了,你一定有很大收获吧!你都学会了吗?在这里你最喜欢哪节动作呢?你有没有选好与这套操相配合的音乐呢?你的身体有什么感觉吗?与做操前相比,你有什么变化吗?通过学习你能自己创编一套哑铃操吗?

第五章 健美操的创编

职业学校的学生学习健美操，首先要注意对自身发展的教育、教学目标的完成，还要体现师范教育的特点。幼师生的健美操教学，不但要教会他们基本动作、成套动作，而且还要会创编动作和对幼儿进行健美操教学活动。

这里讲的健美操创编，包括创编的要求、方法和步骤。在教学中，还要结合幼师生的实际水平，贯彻理论结合实际的原则，通过个人、小组的创编实践活动，创编出一些符合幼儿实际的幼儿健美操，作为学生实践课的作业，也可以精选编成小册子，供学生毕业后在幼儿园教育活动中参考。

第一节 健美操创编要求

一、如何构建健美操的动作

任何一套健美操创编都应符合其人体运动的生理解剖规律。成套操的运动负荷，特别是幼师生大多是女生，运动量应由小到大，动作的创编应由简单到复杂，运动的强度也应由弱到强地过渡，成波浪形地逐渐上升，再逐渐地恢复，这样使心血管系统、呼吸系统、消化系统及内脏器官的功能得到有效的改善与提高。例如，我们一般的成套动作都是由准备、基本和结束这三个部分组成的。

准备部分一般是先从远离人体心脏的部位开始，可采用伸展运动或是由比较慢的过渡动作，包括踏步、各种深呼吸的动作等，进行脊柱的伸展，还可以从头颈活动开始，再进入到身体的主体部位的运动。其目的就是使身体、生理和心理为下面主要的练习内容做好准备。

基本部分是成套动作的主体，创编的主要动作是由头部、肩部、胸部、体侧、体转、腹背、全身等顺序到最后的高潮跳跃运动。

结束部分的动作则是由一些慢速的、柔和的、伴随一些呼吸的动作进行的，如踏步调整、手臂波浪、舞蹈的一些基本动作和步法等，目的是让心率逐渐的恢复到正常状态。

想一想

你能创编一套幼儿模仿操吗？想一想创编时应注意哪些问题？

告诉你

创编幼儿模仿操时，首先要选择幼儿比较熟悉和喜欢的事或物，要贴近幼儿的生活；其次，创编的动作一定要简单有趣，幼儿喜欢做，有吸引力，游戏性强。还可以创编一些有故事情节的内容；最后选择有激情和节奏鲜明的音乐伴奏效果就会更好。

健美操教程

你知道吗？

常做健美操有什么好处？

1. 培养正确优美的体态。使你的上体正直，挺胸收腹，拔颈、肩平、两臂自然下垂，形成一个自然有规范的身体姿势、风华正茂的气势。

2. 提高神经系统对运动器官的支配，发展动作的协调性。

3. 发展身体的协调性和关节的灵活性。

4. 长期不懈地做健美操，就能增长耐力，增强呼吸系统的功能，从而提高供氧能力。

5. 伴有音乐的健美操练习会使你保持心情舒畅。

知识窗

请你把握好三要素：
健美操的动作要素；
健美操的音乐要素；
健美操的表现要素。

告诉你

要创编一套健美操不是很容易的事，创编前需要你做大量的准备工作，要看大量的相关资料和书籍以丰富自己的动作素材。

二、要有针对性

作为幼师的学生在创编一套健美操时，特别要重视创编的针对性，在创编前一定要先确定创编的对象，是小班、中班、还是大班，幼儿的身体基础如何等。此外，还要考虑到做操的目的是什么，是健身还是表演，或是参加比赛等。明确了创编的目的，才能有针对性地进行创编。

小班的幼儿大多都是在三四岁，此时的幼儿学动作比较困难，往往不能控制自己的四肢活动，基本动作的能力也比较差，方向感弱等。因此，在给小班的幼儿创编操时，应采用一些很简单易学的动作，特别要考虑幼儿的年龄和身心特点，尽量避免一些刻板的、规范的、成人化的动作，一般动作的幅度不要太大。多采用游戏性的、上肢或下肢的动作等。使小班的幼儿能在一些韵律游戏的体操活动中，体验到肢体参与的快乐。

中班的幼儿大多年龄在五岁左右，此时幼儿的特点是好动，表现欲望强烈。但在创编中班韵律体操时，也不能对他们要求得太高，还应以游戏的形式为主，可以多增加一些小肌肉群活动的内容。创编的动作要活泼、欢快，易于模仿，不易疲劳。而选择音乐的节奏要鲜明，速度不宜太慢。要符合幼儿的身心特点，促进幼儿的正常生长发育，成套动作的时间不宜过长。

大班的幼儿都是在六岁左右，此时他们在中班特点的基础上已有了一定的控制能力、模仿能力、表现能力以及评价自己和同伴的能力。但是他们的动作能力还不稳定，他们的想象力虽比较丰富，但把握自己的能力还比较差。因此，在创编大班基本体操时，要根据幼儿的年龄特点，创编一些短套路的动作，如培养良好生活习惯的游戏操、培养正确体态的姿态操、培养合作精神的队列操、发展思维的模仿操等。大班的动作可以比小班、中班稍难一些，活动量稍大一些，但都不能超过他们的实际能力，更不能成人化，要易学易会、趣味性强，要能吸引幼儿参与学习的兴趣，使他们能热爱活动，开发思维，积极向上，健康地生活。

三、动作新颖性

健美操的新颖性是健美操的生命力所在。而新颖性就在于创新，没有新颖的创新也就没有了健美操的发展。因此，给幼儿创编的各种体操，都不能离开新颖动作的创新与发展。要新颖就要创新，要创新就要有丰富的内容，那么就要先丰富自己，学习和了解健美操发展的现状与趋势，掌握健美操基本的理论知识，包括健美操创编的方法与步骤，努力上好幼师的每一节健美操课。创编时要认真考虑选择好创编的对象，这也是创编中很重要的一步。创新动作、动作组合、成套动作既要有锻炼的价值又要有欣赏的价值。教学生创编健美操时不能只根据自己学习的动作照抄或原封不变、颠倒顺序，而是吸取或掌握多种素材、熟悉儿童的动作，要结合儿童的生活，动作新颖、流畅，儿童喜欢。一套健美操的创新是从多方面考虑的，如动作的创新，它包括动作方向的变化、动作的对称；单个动作的变化、组合动作搭配的变化以及动作队形的变化等。

第二节　健美操的创编步骤

一、准备工作

1. 明确创编的目的、任务和要求。
2. 了解创编对象的全面状况，包括年龄、性别、身体状况及基本的素质和做操能力。
3. 学习有关健美操的文件及音像资料等。

二、设定方案

在完成准备工作的基础上，确定创编操的类别，即：是徒手体操还是轻器械体操；是健身操、表演操还是参加比赛的竞技健美操等。同时设计成套操的结构，即：是由几个部分的形式组成，还是由上至下的动作顺序编排以及整套操的主题表现等。

三、动作音乐

有三种形式：一是先创编动作，待动作完全定稿后，再选择适合本套操的音乐，此时音乐的选择可选用现成的音乐，也可经过剪接和制作的形式；二是先选好操的音乐，并且要熟悉音乐、理解音乐，再根据音乐的特点创编具体的动作；三是先创编动作，再请音乐的专业人员，根据动作特点，进行专门的音乐制作。无论采用哪种形式所创编的结果都应是动作与音乐和谐一致。

四、体验与调整

创新出的一套健美操，首先要进行体验，在实践中检验创编的成果是否理想、完善，还存在着哪些问题，特别是对成套操的运动量、结构的合理性以及音乐的选择是否与动作统一等进行认真的修改和调整。

五、速记与绘图

为了教学和活动的使用及保存，创编的成果应用简单的文字和简化图速记下来，表述的文字要正确，绘图要形象，记录的形式应最好是图文并茂。

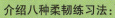

知识窗

介绍八种柔韧练习法：

1. 两腿自然分开，两手握紧体操棒两端（稍大），两臂上举，向后振，随着练习次数的增多，柔韧性的提高，逐渐地将体操棒越过头顶至体后，同时逐渐地缩短手与手之间的距离。

2. 两腿开立，上体前倾，两臂伸直，手握把杆向下压肩，使头部越过双肩的距离越大越好。

3. 两腿并立，上体前屈，两臂下伸，两手抱住脚腕，时间逐渐加长，效果会更好。

4. 身体直立，单腿屈膝抬起，两手抱膝，用力弹动，使膝部尽力靠近肩部，上体保持正直，两腿交换练习。

5. 两腿屈膝跪地，两手背后，上体向后仰，头随之向后方向下伸。

6. 左腿屈成左侧弓步，两臂上举，上体尽力向右侧屈，两腿交替练习。

7. 两腿开立，两臂上举，身体尽力向后仰，髋和大腿尽力向前。

8. 单腿直立，一条腿放至把杆上，上体前倾，脚面绷直，两手抱腿，尽力使头触及膝盖，两腿交替练习。

以上动作开始练习，一开始有些难度，但长期坚持练习，逐渐地会达到轻松自如的。

图书在版编目(CIP)数据

健美操教程/文岩主编. —2 版. —上海：复旦大学出版社，2014.3(2021.9 重印)
普通高等学校学前教育专业系列教材
ISBN 978-7-309-09640-8

Ⅰ. 健… Ⅱ. 文… Ⅲ. 健美操-幼儿师范学校-教材 Ⅳ. G831.3

中国版本图书馆 CIP 数据核字(2013)第 076309 号

健美操教程（第 2 版）
文 岩 主编
责任编辑/黄 乐

复旦大学出版社有限公司出版发行
上海市国权路 579 号 邮编：200433
网址：fupnet@ fudanpress.com http://www.fudanpress.com
门市零售：86-21-65102580 团体订购：86-21-65104505
出版部电话：86-21-65642845
上海崇明裕安印刷厂

开本 890×1240 1/16 印张 9 字数 278 千
2021 年 9 月第 2 版第 5 次印刷
印数 14 301—16 400

ISBN 978-7-309-09640-8/G·1192
定价：36.00 元

如有印装质量问题，请向复旦大学出版社有限公司出版部调换。
版权所有 侵权必究